珍藏版

鬼谷子

于立文 主编

捌

辽海出版社

目　录

七、甘罗劝谏赵王……………………………（1）

八、乐毅信谏燕惠王…………………………（2）

九、李斯上书复官职…………………………（6）

一〇、郦食高阳进谏…………………………（10）

一一、荀彧进言曹操…………………………（12）

一二、刘知远夫人谏帝………………………（14）

一三、僧格林沁上疏陈奏……………………（19）

一四、杨延昭冻城退敌………………………（21）

一五、宋军诈降破辽军………………………（23）

第十二章 符 言

符言第一 ………………………………………… (29)
　一、乱臣贼子 ……………………………………… (31)
　二、卖柑者言 ……………………………………… (39)
　三、偃旗息鼓 ……………………………………… (40)
　四、扬长避短 ……………………………………… (42)
　五、直捣黄龙 ……………………………………… (43)
　六、墨子破云梯 …………………………………… (45)
　七、退避的晋文公 ………………………………… (48)
　八、春秋偪阳之战 ………………………………… (51)
　九、烛之武退秦师 ………………………………… (58)
　一〇、秦王吞并六国 ……………………………… (61)
　一一、陆逊火烧连营 ……………………………… (65)
　一二、光武帝纳蔡茂 ……………………………… (68)
　一三、深谷为陵 …………………………………… (70)
　一四、绳趋尺步 …………………………………… (71)
　一五、什袭而藏 …………………………………… (72)
　一六、识时务者为俊杰 …………………………… (73)
　一七、食指大动 …………………………………… (74)

一八、李士彬中计遭败 …………………（76）
　　一九、阅兵退敌 ……………………………（78）
符言第二 …………………………………………（80）
　　一、居官守法 ………………………………（82）
　　二、梁孝王放邹阳 …………………………（83）
　　三、费无忌身名俱灭 ………………………（91）
　　四、百姓上书萧何 …………………………（94）
　　五、尹囊瓦贪污 ……………………………（96）
　　六、刘禅断送江山 …………………………（99）
　　七、狄仁杰以死谏帝 ………………………（103）
　　八、开明的唐太宗 …………………………（104）
　　九、岳飞计除刘豫 …………………………（106）
　　一〇、示敌以饥 ……………………………（108）
　　一一、调虎离山 ……………………………（109）
　　一一、七擒七纵 ……………………………（111）
　　一二、矢人自得 ……………………………（112）
　　一三、仕数不遇 ……………………………（113）
　　一四、方腊"神兵"取杭州 ………………（114）
　　一五、上楼去梯 ……………………………（115）
　　一六、深谋远虑 ……………………………（116）

- 一七、神机妙算 (118)
- 一八、民生凋敝 (119)
- 一九、三十六计，走为上计 (120)
- 二〇、唇亡齿寒 (123)
- 二一、市道之交 (125)
- 二二、噬脐莫及 (127)

符言第三 (129)

- 一、庆父不死，鲁难未已 (131)
- 二、取道杀马 (131)
- 三、退避三舍 (132)
- 四、树倒猢狲散 (135)
- 五、漱石枕流 (136)
- 六、厚取于民，而薄其施 (137)
- 七、赦免无罪的叔孙 (143)
- 八、赏罚分明 (146)
- 九、诸葛亮治蜀 (149)
- 一〇、教导将军的爱盎 (151)
- 一一、夏王菊花庄借马 (152)
- 一二、孔循刀下留人 (155)
- 一三、离朝的司马光 (157)

一四、隋文帝严惩恶子…………（161）

一五、长孙皇后引典故…………（164）

一六、御史智断谋反案…………（167）

一七、韩世忠计败刘忠…………（169）

一八、韩世忠平叛………………（171）

一九、水至清则无鱼，人至察则无徒………（173）

二〇、天有不测风云……………（174）

二一、偷合取容…………………（175）

二二、菟裘归计…………………（176）

符言第四……………………（178）

一、唾面自干……………………（180）

二、万金之患……………………（182）

三、亡戟得矛……………………（183）

四、亡赖附鬼……………………（183）

五、孙膑赛马……………………（184）

六、孙庞斗智……………………（185）

七、太公钓鱼，愿者上钩………（188）

八、春秋平阴之战………………（190）

九、庆封的专政…………………（195）

一〇、冯衍劝廉丹………………（200）

一一、孟达劝告刘封 …………………… (203)
一二、被诬陷的太子瘗 …………………… (207)
一三、张立道听之言 …………………… (210)
一四、长孙晟分析雍闾 …………………… (213)
一五、海瑞审石头 …………………… (215)
一六、乾隆五难圆智和尚 …………………… (217)
一七、祝枝山巧计惩船主 …………………… (219)
一八、雀儿参政 …………………… (223)
一九、三石之弓 …………………… (224)
二〇、同仇敌忾 …………………… (225)
二一、止戈为武 …………………… (227)
二二、一鼓作气 …………………… (229)
二三、望尘而拜 …………………… (231)
二四、魏人钻火 …………………… (233)
二五、畏鬼致盗 …………………… (233)
二六、望梅止渴 …………………… (234)
二七、蜗角虚名 …………………… (235)

外 篇

本经阴符七术 …………………… (241)
  一、盛神 …………………… (241)

二、养志……………………………………（245）

三、实意……………………………………（249）

四、分威……………………………………（253）

五、散势……………………………………（256）

六、转圆……………………………………（259）

七、损悦……………………………………（263）

持枢……………………………………………（266）

中经……………………………………………（268）

七、甘罗劝谏赵王

秦国派张唐到燕国做宰相。张唐走了几天之后,甘罗对文信候说:"请君侯借给我五辆车,让我为张唐先到赵国去通报一声。"文信侯于是就进入内宫对秦始皇说:"昔日臣子甘茂的孙子甘罗,年纪虽然很小,但却是名门的后代子孙,诸侯各国早已有所耳闻。最近张唐想称病不去燕国做宰相,甘罗去劝说而使他起身前往。如今他又愿意为张唐先到赵国去通报一下,请答应并派遣他去。"秦王召见了甘罗,并派甘罗出使赵国。赵襄王听到消息,亲自到郊外去迎接甘罗。甘罗劝说赵王道:"大王听说了燕国太子丹到秦国做人质这件事吗?"赵王说:"听说过了。"甘罗说:"听说了张店到燕国做宰相这件事吗?"赵王说:"听说了。"甘罗接着说道:"燕国太子丹到秦国做人质,表明燕国不欺骗秦国。同时,张店到燕国做宰相,也表明泰国不欺骗燕国。秦、燕两国互不相欺,目的是为了攻打赵国,赵国的处境危险啊。其实,秦、燕两国互不相欺并没有别的缘故,就是想攻打赵国以扩充河间一带的土地。大王不如割让给

我五座城池,以扩大秦国在河间一带的领土,让我回去向秦王复命,叫他遣回燕国太子,与强大的赵国一起攻打弱小的燕国。"于是,赵王立即割了五座城池给秦国扩充河间一带的领土,秦国也遣回了燕国太子。随即,赵国攻打燕国,占领了上谷的三十座城池,将其中的十一座城池送给秦国。

甘罗回到秦国,秦始皇封甘罗为上卿,又将原来甘茂的田宅赐给他。

八、乐毅信谏燕惠王

燕惠王后悔派骑劫代替乐毅,以致军队被打败,将军被杀,曾经占领了的齐国土地被丢失;同时,又埋怨乐毅投奔赵国,害怕赵国重用乐毅,乘燕国打了败仗的时候来进攻燕国。于是,燕惠王便派人责备乐毅,并且也向他道歉说:"先王曾以全国之兵委付将军,将军为燕国大败齐国,为先王报了兵败之仇,天下人没有不为此而感到震惊的。而我也从来没有一天忘记你的功劳啊!可是,适逢先王驾崩,我继立时间不长,身边的巨子迷惑了我。而我之所以派遣骑劫代替将军,为的是将

第十一章 决篇

军长年累月地在外指挥作战，实在太辛苦了，所以要你回来休养一下，并可借机与将军商量国事。将军却误听传言，以为与我有嫌隙，终于背弃燕国而投奔赵国。将军这么做，为自身打算固然是无可厚非的，但是又怎么能报答先王对将军的知遇之恩呢？"于是，乐毅便写了一封信，回复燕惠王说："我无德无能，不能遵循大王的命令，来顺从你左右大臣的意愿，恐怕回到燕国被诛杀，伤害先王的英明，损害大王的道义，所以逃奔到赵国。现在大王派人来责备我的过错，我恐怕你的使者不能体察先王任用和爱护我的理由，又不能明白我事奉先王的忠心，所以大胆地写信回复大王。

"我听说贤明的国君不会把国家的爵禄赏赐给自己偏爱的人，而是谁的功劳多就赏给谁，谁的才能大就任用谁。所以在考察才能之后才授予职位的国君，是能够成就功业的国君；能够衡量德行而结交朋友的人，就能够树立名声的士人。我私自观察先王的举措，深感他有超过同世诸侯的宏图大志，所以就借着为魏国出使的机会，来燕国体察和验证。承蒙先王赏识，将我列位于宾客之中，并大力提拔我，不与宗室长辈商议，就任用我做了亚卿。我私下认为，只要一切奉行王命，遵守教

海,就可以侥幸而无罪了。所以我就不再推辞,接受了先王的任命。

"先王曾命令我说:'我与齐国有深仇和积怨,不要顾忌目前国力的强弱,一定要与齐国决一死战。'我回答说:'当今的齐国,本来就有称霸天下时遗留下来的基业,军队训练有素,娴于攻杀战守。大王如果想要攻打它,必须联合天下诸侯共同对付它。要联合天下各国,没有比结交赵国更为有利的了。况且淮北是楚国想收复的国土,宋地是魏国想得到的地方,所以,赵国如果应允,再得到楚、魏二国的配合,集中四国的力量进攻齐国,那么就可以大败齐国了。'先王认为我说得对,就备好符节,派我南行出使赵国。我回国报告先王后,先王就命我起兵攻打齐国。因为上有天助,下有先王的神威,四国的军队,追随先王会合到济水边上。攻占了黄河以北的土地。济上的燕军奉命乘胜追击,轻装的精锐部队一直打到齐国的都城临菑。齐王退守莒城,得以死里逃生。齐国的珠玉财宝、车辆、甲胄,以及各种珍贵的器物,全都被燕军夺得,运回燕国。那些宝器陈列在燕国的宁台,大吕钟也放置在燕国元英宫里,从前被齐国掠去的宝鼎又回到了磨室殿,蓟丘还移种了汶水的

第十一章 决篇

竹子。可见，自五霸以来，没有人的功业能够赶得上先王。先王觉得如愿以偿，于是就划出一块土地分封给我，使我也象一个小国诸侯。我私下认为，只要奉行君命，遵守教诲，就可以侥幸无罪，所以我也就不再推辞，接受了封赏。

"我听说英明的国君，建立了功业而不衰败，所以才能名垂青史；有远见卓识的贤士，树立了声誉而不毁坏，所以才能为后世所称道。像先王报仇雪恨，平定了拥有万辆兵车的强国，夺取了齐国八百年来积累的财富。直到驾崩的那一天，还留下了身后的教诲，使执政者能遵循法令，安抚亲族，广泛施恩于百姓。这些都是可以垂范于后世的。

"我还听说过，善于创始的人不一定善于完成；有好的开头不一定有好的结局。从前伍子胥的话为吴王阖闾所采纳，因而吴王能够远征楚国，攻破郢都。而到夫差在位的时候，就不是这样了。夫差不但不听忠言相劝，反而要逼伍子胥自杀，把尸体装人皮囊，扔进钱塘江。夫差不知道具有先知卓见的言论可以成就功业，所以把伍子胥扔到江里而不知悔悟；伍子胥不能及早看出两代国君度量的不同，以至被扔进江中仍然冤魂不散。

"保全自身，建立功勋，用以表彰先王的心迹，这是我的上上之策。遭受诽谤以至被侮辱、诛杀，毁坏先王的名誉，这是我最害怕的事。如今，面对着这样突如其来、出人意料的罪名，想借助赵国攻打燕国，侥幸地以此来谋取私利，这是我在道义上所不敢做的事情。

"我听说古代的君子，与人绝交时，不会恶语相伤；忠臣离开本国，不去刻意洗刷自己的名声。我虽然无德无能，却经常奉教于君子。现在，我怕你听信于左右侍从的说词，不能体察我远去的原因，所以才敢写下这封信，希望大王仔细思量一下。"

于是，燕惠王封乐毅之子乐闲为昌国君。而乐毅又与燕通而往来于燕、赵之间，燕国和赵国都任用他为客卿。最后，乐毅死在了赵国。

九、李斯上书复官职

恰巧这时韩国人郑国以修建灌溉渠道为名，到秦国来做间谍，不久被发觉了。秦国的王族大臣都对秦王说："从各国来服事秦王的人，大都是替他们的国君到秦国来游说、当间谍的，请把宾客们一律驱逐出境。"

第十一章 决篇

李斯也在被驱逐之列。李斯于是呈上报告说:

听说官吏们建议驱逐宾客,我认为这是错误的。从前穆公为寻求人才,西面从戎地争得了由余,东面在宛地赎得了百里奚,由宋国迎来了蹇叔,从晋国招来了丕豹和公孙支。这五位先生都不生于秦国,而穆公任用他们并吞了二十个国家,于是称霸西戎。孝公采用商鞅的政策,移风易俗,人民因此殷实兴盛,国家因此富强,百姓乐于为国效力,诸侯诚心归附,击败了楚国、魏国的军队,征服了千里的土地。直到今天国家仍然太平强盛。惠王采用张仪的计谋,取得三川地区,西面并吞巴国、蜀国,北面收服上郡,南面夺取汉中,囊括九夷,控制都邑、郢都,东面据有成皋的险关,取得了肥美的土地,于是瓦解了六国的联盟,使他们向西臣服于秦国,功绩泽被至今。昭王得到范雎,废黜穰侯,驱逐华阴君,加强了王室的权力,杜绝了外戚专权的门路,如同蚕吃桑叶般逐步吞并各国,使秦国建立了统一天下的基础。这四位国君,都是借助了别国人士的力量。由此看来,别国人士没有什么愧对秦国的!假使这四位国君将他国人士拒之门外,疏远贤士而不任用,那么秦国就不会有富强的实力,也不会有强大的威望了。

鬼谷子

现在陛下罗致昆山的美玉,拥有随侯珠、和氏璧那样的珍宝,顶挂明月珠,腰佩太阿剑,胯下纤离马,竖起翠凤旗,立着鼍皮鼓。这几件宝物,没有一件是秦国的物产,而陛下喜爱它们,这是为什么呢?如果一定要秦国出产的物品才可以,那么夜光之璧就不能用来装饰朝廷,犀角象牙所制的器具就无法拿来玩乐欣赏,郑国、卫国的美女就不能住在后宫,而良马就不能养在马房里,江南的金锡就不能用来制作器皿,西蜀的丹青颜料就不能用来描绘色彩了。如果装饰后宫的、充当姬妾的、使人心神耳目感到愉快的,都一定要出产在秦国才可以,那么,用宛珠装饰的簪子、玑珠镶嵌的耳环、绸绢制成的衣服、锦绣制成的饰物就不能摆在面前了,而时髦艳丽、文雅丽质的赵国女子也就不能侍奉左右了。至于敲着瓦瓮坛,打着上酒樽,弹着竹筝,拍着大腿而呜呜叫喊,以满足耳朵对于音乐的欣赏的,才真是秦国的腔调;而《郑声》、《卫声》、《桑间》、《昭乐》、《虞乐》、《武舞》、《象舞》等乐曲,却是别国的音乐。如今抛弃敲瓦坛打土樽这一套而欣赏《郑声》、《卫声》,不弹竹筝而聆听《昭乐》、《虞乐》,这是为什么呢?不过是图眼前称心决意宜于观赏罢了。如今用人却不是这

第十一章 决篇

样。不问人可不可用，不论是非曲直，不是秦国的人一概不用，凡是别国人士一律驱逐。这么说，陛下看重的只是美女音乐、珍珠宝玉，而看轻的却是人民。这不是能统治天下制服诸侯的策略啊！

我听说土地广阔粮食就充足，国家广大人口就众多，武器精锐士兵就勇敢。因此泰山不嫌弃细微的尘土，所以能变得那样的高大；河海不挑剔细小的水流，所以能变得那样的深广；帝王不抛弃人民群众，所以能显示出他的恩德。因此土地不论东西南北，人民不分这国那国，一年四季丰足美满，鬼神赐予幸福，这就是五帝王王无敌于天下的道理。现在竟抛弃人民去资助敌国，拒绝宾客而让他们去替诸侯建功立业，使天下的人士退缩而不敢西进，止步不入秦国，这就是所谓"借武器给敌人，送粮食给强盗"了。

不出产于秦国的物品，值得珍贵的很多；不出生于秦国的人士，愿意效忠的不少。如今驱逐宾客去帮助敌国，损害人民去增强仇人，使自己内部空虚而外面又结怨于各国，这样下去，要想国家没有危险，是不可能的。

于是秦王废除了逐客的命令，恢复了李斯的官职，

终于采用了他的计策。李斯的官职一直升到延尉。经过二十多年,果然吞并天下,推尊秦王为皇帝,李斯做了丞相。于是拆除了郡县城堡,销熔了各地的兵器,表示不再使用。让秦朝的土地一尺也不分封,不立子弟为王、功臣为诸侯,这些都是为了让以后不再有战争的祸患。

一〇、郦食高阳进谏

郦食其是陈留县高阳乡人,年轻时非常喜好读书,因家境贫困而四处漂泊。由于博览群书,口才出众,非常善辩,为人又很傲气,被时人称为狂人。

刘邦起兵反秦路经高阳,郦食其递上名片求见。刘邦听通报的人说,来求见的人从外貌上看像个儒生,就让人出来转告说:"刘邦敬谢先生,现在是军事时期,不见儒生,先生请回吧。"郦食其听后眼一瞪,按着腰上的剑大声喝道:"去,我不是什么儒生,我是高阳酒徒。"后来高阳酒徒也成了一句成语,用来指狂放不羁的人。

刘邦也不含糊,当时正坐在床上洗脚,便说:"那

第十一章 决篇

就让他进来吧。"郦食其进来,只行拱手礼而不跪拜,说:"你是想要灭亡秦朝,还是帮助秦朝呢?"刘邦回答:"当然是灭亡秦朝。"郦食其说:"真要聚集民众组成正义的军队去讨伐无道的秦朝,就不应该用傲慢无礼的态度接见年长的人。"当时郦食其60多岁,刘邦50多岁。刘邦一听这话马上停止洗脚,起身整理衣服,并请郦食其坐在上座,向他道歉。于是郦食其帮刘邦出主意,降服了陈留县令。后来郦食其就成了刘邦的说客,经常乘着马车,出使各个诸侯国。

汉王三年,也就是公元前203年,刘邦与项羽在荥阳反复争夺,深感兵力不足。郦食其向刘邦献计攻取被称做"粮仓"的敖仓,并自告奋勇,出使齐国,说服齐王田广归顺汉王。当时田广拥有20万军队,占据着幅员千里的齐国,也就是今天的山东省的广大地区。如齐国归顺,不仅减轻了刘邦军事上的压力,也无疑增加了项羽防守上的压力。刘邦听从了郦食其的建议。

郦食其到了齐国对齐王直截了当地说:"大王知道天下人心的归向吗?"齐王说:"不知道。请教先生。"郦食其说:"当然是归向汉王。"随后列举了汉王刘邦的许多得人心的地方,和楚王项羽的失道之处。特别指

鬼谷子

出：如今汉王已经占有敖仓的粮食，堵塞了成皋的险要，把守着白马渡口，断绝了太行的通道，各路诸侯如不归服就会先被消灭。如果齐王先行归顺汉王，那么齐国的江山就可以保住，否则危亡立即就到了。齐王认为郦食其说得有道理，于是将齐国七十余座城池献给了刘邦。但是他把郦食其留了下来。

后来，韩信发兵攻齐国。齐王田广让郦食其去阻止汉军，郦食其拒绝了。齐王一怒之下杀了他，领兵东逃。

刘邦平定天下后，分封列侯功臣，想到了郦食其。一查，他还有个儿子叫郦疥，多次领兵打仗，但战功尚不足以封侯。念他父亲的缘故，刘邦封郦疥为高梁侯，食邑地为武遂。

一一、荀彧进言曹操

东汉末年，曹操在镇压黄巾起义军后，占据了兖州地区，威震山东。接着曹操准备挥师东进，夺取徐州这个战略要地。

曹操东征，后方空虚。兖州豪强张邈勾结吕布，袭

第十一章 决篇

取了兖州大部分地区，并占领了濮阳。这样，整个兖州地区只剩鄄城、东阿、范县三处没有被攻破。当时，守卫这三处城池的是曹操的谋士荀彧。曹操得到消息后，十分恼怒。因为，丢了兖州根据地，形势变得对曹操十分不利。于是，曹操急忙从徐州撤兵回来，向屯驻濮阳的吕布发起反攻。

然而，吕布是员虎将，他的部下也不弱。曹军怎么攻打，都无法取胜。双方相持了好长时间，最后，各自的粮草都快没有了。无奈之下，双方只好各自收兵。

此后不久，徐州牧陶谦病死了。陶谦临死时，把徐州托让给了刘备。消息传到曹营后，曹操争夺徐州的心情更为急迫。他准备先打下徐州，然后再回过头来消灭吕布。这时，谋士荀彧忙劝阻曹操说："以前高祖保住关中，光武帝据有河内，都是有了牢固的根据地。进可以胜敌，退可以坚守，才能够得天下。如今，将军为什么不顾兖州而去攻打徐州呢？"

曹操认为，陶谦刚死，徐州民心浮动，攻取不难。荀彧却说："我看未必。眼下正值麦收季节，徐州方面已经组织人力，加紧抢割城外的麦子，运进城去。这分明是对可能发生的战争有所准备。收完了麦子，对方必

鬼谷子

然还要星夜加固营垒,强化防御工事,以应付万一。四野的居民、物资,也会全部转移、收藏。这样,军队开到那里,势必无法立足,反而让徐州的刘备赢得主动。"说到这里,荀彧进一步提醒曹操,他说:"对方'坚壁清野',固垒以待我军。到那里,将军攻不能克,掠无所得,不出十天,全军就要不战自溃了……为防吕布再次乘虚而入,我方需多留兵力。而这样,攻打徐州的兵力就会不足。但如果少留兵力,又不能保证守住鄄城。如果弄得兖州尽失,徐州又未取,这岂不是一举两失了!"曹操听了荀彧的话后,十分佩服,决定暂不分兵东进,只与吕布对垒。后来,曹操果然大败吕布,平定了兖州,巩固了后方根据地。为日后削平各地割据势力,统一中原,奠定了基础。

一二、刘知远夫人谏帝

公元947年,契丹攻入大梁,后晋灭亡,两个月后,就在辽太宗耶律德光留下"没想到中原人民如此难以统治"的感慨率军北归之时,后晋太原王、北京留守刘知远在晋阳称帝,史称后汉。

第十一章 决篇

出生于太原的刘知远是沙陀族人,他的父亲在李克用军中任职,他则在李嗣源麾下效命。李嗣源与后梁军对战于德胜时,大将石敬瑭受到梁军袭击,马具断裂,危难时刻,刘知远将自己的战马交给石敬瑭,自己则骑上石敬瑭的战马为他断后,石敬瑭深受感动的同时也对他的勇武留下了深刻印象。十四年后,石敬瑭在出任北京留守时,奏请宗庄李嗣源,将器重已久的刘知远招至麾下。

刘知远沉默寡言,生活简朴,治军极为严谨,石敬瑭因此将晋阳军务交给他来处理,刘知远与主管财政的周环一起成为石敬瑭治理河东的主要助手。

公元936年,就在石敬瑭与后唐李从珂决裂前夕举棋不定的时候,刘知远说:明公统军多年,从望所归,凭借晋阳的有利地势和精锐部队,一定能够成就霸业,怎么可以受制于一纸诏书而自投虎口呢,在他和桑维翰的建议下,石敬瑭最终下定了起兵的决心。但是,就这在背水一战凶险莫测的时刻,刘知远依然保持着清醒的头脑和长远的眼光,当石敬瑭为了借助契丹力量而准备自称儿皇帝时,刘知远劝说道:对契丹称臣就可以了,行以父亲之礼就实在有些过分,只要用丰厚的财物去贿赂，就足以使契丹出兵，根本不必承诺向他们割让土地，那样只怕会使契丹成为中原大患而追悔莫及。然而，一意孤行的石敬瑭早已是一叶障目，不见泰山，最终给自己留下了千古骂名。

石敬瑭起兵后，后唐大将张敬达率兵五万包围晋阳，负责晋阳军事的刘知远对待嫡系部队和此前陆续归附的各藩镇军队以及城中的百姓都一视同仁，军纪严明，在他的指挥下，仅有五千兵马的晋阳城得以坚守两个多月。刘知远的统驭能力和军事才干也深得耶律德光的赏识，在他北归之际，指着刘知远嘱托石敬瑭说：这员大将可以委以重任，没有大的过错不要弃用。

正是凭借着为后晋开国而立下的汗马功劳，刘知远与石敬瑭的妹夫杜重威一起被委以重任，但是，庸劣无能的杜重威是凭借着裙带关系得以升迁，刘知远深以为耻，拒不受命。石敬瑭被刘知远孤傲的性格激怒，准备削夺他的兵权让他下岗回家，在宰相的劝说下，刘知远勉强受任，但从此与后晋王朝产生了罅隙。这里再多述一笔，正是这个杜重威，日后被后晋出帝石重贵付以倾国之兵委以北伐重任，但他却率领二十大军火线降敌，最终导致后晋灭亡，当石重贵北狩途中望见杜重威的军

第十一章 决篇

营时，这个昔日尊贵的一国之主嚎啕大哭：天呐，我家究竟哪里辜负了你，竟被你断送了家业！开门揖盗的杜重威后来被迫投降刘知远，刘知远去世前下令将他处死。

公元941年，刘知远被任命为北京留守，蛟龙得云雨，非复池中物，一旦踏入晋阳这个龙兴之地，野心勃勃的刘知远就开始重复李渊、李存勖、石敬瑭相同的故事。

刘知远到晋阳不久，就招降了山西北部的游牧民族土谷浑部，但这个民族行为放纵，违反法律的事情经常发生，刘知远对此予以严厉的制裁，一部分土谷浑人于是北逃归降了契丹。刘知远担心土谷浑部发生变乱威胁晋阳的安全，找来大将郭威商议对策，郭威听说土谷浑首领白承福十分富有，喂马用的都是银槽，于是建议夺取他的资财充当军费。不久，郭威引诱白承福等人住进晋阳城，然后诬陷他们谋反，诛杀了四百余人，土谷浑部从此衰落。有意思的是，逃归晋北的土谷浑部在四十年后，又随同雍熙北伐的西路军南撤，被宋王朝安置在了河南一带。

石重贵即位后，后晋对契丹的态度发生了改变，两国之间的战争爆发，刘知远曾经三次击退契丹对山西的

进攻，但心怀异志的刘知远除了保境安民之外，对后晋王朝出征的诏令或置之不理，或逗留不前，手握重兵却始终是坐观成败而不发一兵一卒出晋施以援手，趁着乱世在晋阳为自己积累起了一支五万人的大军。

公元947年，契丹攻入大梁，后晋灭亡，整个中原处于一片混乱之中。当时，后晋王朝的各地节度使被迫前往大梁晋见耶律德光，刘知远则仅派遣使者前往，从而树立起了良好的形象。

就在这个时候，一个不愿向契丹投降的节度使何建归附了西南的后蜀，刘知远感慨道：胡人入侵，中原无主，致使藩镇向外投靠，我身为一方主帅，实在感到惭愧。而在此之前，刘知远的大将郭威也对刘知远说：河东地区山川险固，盛产战马，当地百姓崇尚勇武，和平时期勤于耕作，一旦发生变乱就加入军旅，这是成就霸业的资本呀。刘知远手下那些渴望建功立业谋取富贵的将士们也都纷纷劝说他早日称帝。

公元947年二月十五日，就在中原地区民怨沸腾，契丹的统治开始动摇的时候，众望所归的刘知远抓住时机，在晋阳称帝，仍沿用后晋年号。

刘知远起兵之初，曾打算向百姓摊派以犒赏士卒，皇后李氏劝说道：陛下倚靠河东开创大业，还没有对百姓施以恩惠就要去掠夺他们的财物，这恐怕不是新天子救民于苦难的本意吧。请改用后宫的积蓄来赏赐将士，虽然并不丰厚，但不会招来怨言。刘知远听从了李氏的劝谏，改用内府犒赏将士，此事一时被传为美谈。

值得一提的是，这位家在太原的李皇后竟是刘知远微贱时强抢而来的，他们之间的这段传奇姻缘后来被演绎为元曲《白兔记》。

这一年三月，耶律德光引兵北归，刘知远率军南下，契丹留守官吏纷纷投降，刘知远没有费什么周折就一路顺风地进入了大梁，不久改国号为汉，史称后汉。

一三、僧格林沁上疏陈奏

咸丰十年（公元1860年）九月，清朝与英法联军的和议达成，皇上命令遣返撤回残余军队，僧格林沁驰赴行营所在，尚未实行，赶上京畿南部土匪正在蜂起，山东地区捻军猖獗一时，便又恢复僧格林沁郡王的爵位，命令他偕同瑞麟前去进剿。部队到达河间，捻军大多自行解散。皇上下诏催促他赶赴济宁、兖州督师。十

鬼谷子

一月，僧格林沁到达济宁，捻军已经逃窜到别处而返回其巢穴。

僧格林沁上疏陈奏军事，大致上说："捻军首领张洛行、龚瞎子、孙葵心等等，各自聚集许多匪党。此外的其他大小头目，人数也不少。每年几次出动劫掠粮食，动辄前往没有官兵的地方。等到官兵进剿，则匪徒已经饱掠而归。他们每到一个地方便抢掠资财粮食，把村舍烧成一片焦土，杀害老弱之人，裹胁少壮之人。百姓不跟从叛逆，也无家可归。因此捻军出动一次，就会增加许多人数。这便是捻军众多的根源。捻军巢穴四周一二百里外，村庄被焚烧得荡然无存，井也被填塞。这样官兵裹粮带水，怎么能够跟捻军持久呢？一旦官兵撤退，捻军便跟踪追击，官兵因此往往失利。这便是各路官兵仅仅能够防堵抵御，却不能进攻的原因。每次捻军出动，骑兵、步兵数十万人，队伍排列达百余里。官兵、捻军众寡悬殊，任凭其肆意猖獗，却无可奈何。过去太平军、捻军各树旗帜，近年来却彼此互相沟通，联为一气。官兵位于北面，太平军位于南面，而捻军居其中，充当太平军的屏障。如果大量调集兵力，分头进剿，捻军一受惩创，太平军则蠢蠢而动，不是竭力进行帮助，就是另外谋图向北进犯，以求分散我军势力。这便是剿灭捻军不容易的原因。我原本带领骑兵和步兵六千人，后来又陆续调来陕甘、山东的绿营兵以及青州八旗兵，共计一万二千余人。我准备等部队到齐后，会合傅振邦、德楞额二支军队，寻找时机直捣捻军老巢。"奏疏呈送上去后，皇上下诏说："捻军正在谋图向北进犯，应当坐镇山东，以杜绝其窥伺，不要轻举妄动而贻误全局。"不久，捻匪由徐州向北窜逃，僧格林沁在恒野羊山加以迎击，亲日率领西凌阿、国瑞在东面阻挡，让瑞麟及副都统格绷额在西面阻挡，杀死敌军很多，而格绷额在战斗中被打死。瑞麟受伤退兵，上书弹劾罢免其职，荐举西凌阿、国瑞帮着办理军务。又弹劾团练大臣杜蘅不能抵御敌军，供应军需时骚扰百姓，罢免其职务，使团练归巡抚督办。邹县教匪宋绍明纠合数千人杀害官员，他便命令国瑞、西凌阿进剿而使其解散。

一四、杨延昭冻城退敌

公元999年9月，契丹国辽圣宗和萧太后率领20万大军，浩浩荡荡地越过易水，攻破来军前沿点狼山，直

鬼谷子

迫遂城。当时镇守遂城的是北宋名将保州巡边都巡检使杨延昭杨六郎。遂城是个小城，驻守这里的宋军不足3000人马。辽军则人多势众，在萧太后的亲自指挥下，将遂城围了个水泄不通。大军兵临城下，情况十分危急。

遂城军民见辽军的这个阵势，都惶恐不安，以为恐怕难逃厄运了、杨延昭却指挥若定，身先士卒，率全城军民奋勇抵抗，打退了辽军的几次进攻。

过了一十月，辽军也没能登城墙一步。可是敌众我寡，而且城中粮草不日即将告急，持久下去后果不堪设想。

也许是天助六郎，一天，突然寒潮袭来，气温陡然降低，点水即可成冰。延昭见此情形心生一计。他发动广大军民连夜担水浇城墙，将城墙浇了个透。

次日清早，人们发现城墙上的水被冻成了厚厚的冰，看上去晶莹透明，白皑皑好似一座冰城。杨延昭十分高兴，他估计，这下遂城可保住了。城外的辽军欲再次攻城，却无法靠近城墙。辽军士兵在冰上行走尚且不灵便，更无法攀登城墙了。萧太后见状急得直跺脚，只好放弃攻打遂城，转而去攻打泰州。杨延昭见辽军撤

第十一章 决篇

走，便打开城门，率精骑追击。辽军突遭宋军的袭击落荒而逃。

一五、宋军诈降破辽军

北宋年间，辽将韩匡嗣、耶律沙和耶律哥休率领5万人马，进攻镇州。镇州奇将刘廷翰急忙与崔彦进等人共商抵敌之计。刘廷翰分析说：“我军在高梁河大败于辽军，元气大伤，现在辽军又大举进攻，如何是好？”崔彦进献计说：“目前辽军气焰正旺，不能同他们正面交锋。我们不如诈降辽军，诱敌深入，然后打伏击战。”刘廷翰素知耶律哥你很有才干，怕被他识破，汉琼说：“我们可先向他们献上粮草，使他们相信我们的诚意，然后就会接受我们的投降。”

几个人商定后，立即派人到辽军大营献粮投降。韩匡嗣见到粮草后，对宋军的也降深信不疑。耶律哥你提醒韩匡嗣说：“宋军并没同我们交战，却来投降，怕是其中有诈。”韩匡嗣却不以为然地说：“如果宋军佯装投降，又怎么会向我们献出粮草呢？”耶律哥休进一步劝导说：“宋军之所以献粮草，一定是想骗得我们

鬼谷子

的信任,对他们不加防范。"韩匡嗣根本听不进去,不耐烦地说:"我军在高粱河大败宋军,士气正旺,宋军得知我军又来进攻,自然闻风丧胆。我相信他们投降的诚意,即使他们是诈降,我们也不必害怕。"耶律哥你见韩匡嗣拒不听劝,只好告辞,命令自己的部下不得擅动。而韩匡嗣和耶律沙同宋军约定次日受降,进入该州城。

刘廷翰听到这消息,十分高兴,立即开始部署作战。他命令汉琼率领1万步兵埋伏于城北,负责截断辽军的退路,崔彦进率领1万步兵埋伏于城东,正面阻敌。又约边将崔翰、赵廷进连夜进兵,前来夹击辽军。

次日清晨,刘廷翰下令大开城门,然后亲率部队到城西埋伏。辽军在韩匡嗣和耶律沙的带领下直奔镇州城受降。到了城下,韩匡嗣下令开进城里,部将刘雄武急忙阻止,他说:"宋军既然投降,为什么城外没有一个人?怕是其中有诈。"韩匡嗣也觉得有些奇怪。正在这时,忽听一声炮响,只见刘廷翰、汉琼分别从城东和城西杀了过来。韩国嗣大惊,拨马便逃,辽军士兵也争先恐后跟着往回逃,却与耶律沙的后队相撞,乱作一团。

第十一章 决篇

崔彦进又带又杀出，截住辽兵的退路。崔翰、赵延进各部也都相继赶到，将辽军团团围住。宋军向辽军射箭，辽军士兵死伤惨重。眼见得辽军突围无路，要全军覆灭，耶律哥休率部赶到，韩匡嗣这才杀出重围，捡回一条命来。

# 第十二章　符　言

言 论 第二十条

第十二章 符言

符言① 第一

安、徐②、正、静,其被节③无不肉。善与而不静,虚心平意④以待倾损⑤。右主位⑥。

目贵明,耳贵聪,心贵智。以天下之目视者,则无不见;以天下之耳听者,则无不闻;以天下之心虑者,则无不知。辐辏并进,则明不可塞。右主明⑦。

【注释】

①符言:是指言语和事实像符契一般完全吻合,符是符契、符节。也有人认为所谓"符言",就是"会符之言"的简称。

②徐:静的意思。

③被节:被是赶上的意思。被节是赶上他人的节度。

④虚心平意:要有胸怀,意念要开朗。

⑤待倾损：对待倾轧和损害。

⑥主位：身居君主之位的人，应保持安、徐、正、静的态度。

⑦主明：身为君主者的明察，要用天下之耳来观察。

【译文】

人君如果能做到安详、从容、正派、宁静，那么他怀有的道德就会淳朴敦厚。善于结交而不能安静，就要使心意虚静平定，以防备倾损。能做到以上的就能保持君主的地位，这就是主位权术。

眼睛最重要的功用在于善于察看事物，耳朵最重要的功用在于灵敏，心灵最重要的功用在于善于思考。如果能利用天下人的眼睛来观察，就没有看不见的事物；如果能利用天下人的耳朵来听，就不会有什么听不见的；如果能用天下人的智慧来思考，就没有什么不知道的。就能像车辐集中于车毂那样集中起各种人才的力量，君主的圣明便谁也不能蒙蔽了。做到以上所讲的就能保持君主的明察。

【感悟】

做君主的要加强自己的修养，以达到耳聪、目明、

第十二章 符言

心智,并且轻易不把自己的想法表露出来,使人难以了解他的真实意图,以免别人投其所好,最后落入他人设置的陷阱。

【故事】

一、乱臣贼子

"乱臣贼子"指不守臣道、心怀异志的人。现大多用来指破坏国家统一、危害人民利益的人。

此典出自《史记·卫康叔世家》:"州吁新立,好兵,杀桓公,卫人皆不爱。石碏乃因桓公母家于陈,详为善州吁。至郑郊,石碏与陈侯共谋,使右宰丑进食,因杀州吁于濮,而迎桓公弟晋于邢而立之,是为宣公。"

春秋时候,郑庄公和大臣们正商议着去朝见天子,卫国的使臣来到,说卫桓公去世,公子州吁即位。郑庄公满腹怀疑,觉得这件事很蹊跷,就叫祭足去打探真相。祭足说:"传送卫侯是被州吁害死的。"郑庄公听了,皱眉顿足说:"州吁谋害了国君,看样子,他马上会朝咱们这儿攻过来,咱们一定得早做准备啊!"大臣们面面相觑,都不明白卫国的内乱,怎么会殃及到郑国呢?

鬼谷子

原来卫桓公有两个兄弟，一个是公子晋，另一个是州吁。州吁向来喜欢发兵打仗。他见哥哥卫桓公生性懦弱、憨厚无能，非常瞧不起他，就与心腹石厚密谋抢夺君位。周桓王元年，卫桓公要到雒邑去觐见天子，州吁就在西门外设宴为他送行。他举杯向卫桓公敬酒，说："哥哥要出远门，弟弟敬您一杯！"卫桓公说："多谢您费心！我这一去只不过月余就回来，有劳贤弟代理朝政，小心留意。"说完，他也倒了一杯酒给州吁。州吁双手去接，故意失手使酒杯落地，然后趁弯身捡起酒杯的时候，闪到卫桓公背后，抽出短剑朝他刺去，卫桓公当场死去。但四周都是州吁的人，有谁敢出面说话呢？于是州吁自立为君，拜石厚为大夫，对外就说卫侯是得了急病死的，逐一向诸侯报告。可是卫国境内流言满天飞，都传说国君遭到了州吁和石厚的谋害。国君非常害怕流言蜚语，如果国内的老百姓和国外的诸侯不服，君位就会保不住。州吁和石厚对这一点也不敢掉以轻心。他们左思右想，非得想出个计策让别人服气不可。他们认为最好的计策是轰轰烈烈地打场胜仗，顺便还可劫掠些粮食。可是发兵打仗，总得有个冠冕堂皇的理由，至于要攻打哪一国呢？也得有个正当的名义才行。他们就

第十二章 符言

在临近诸国里东挑西选，找人家的把柄。突然，石厚灵机一动，说："有啦，郑伯寤生杀了他兄弟，又撵走他母亲，天理难容、罪该万死，咱们就去攻打他吧！"州吁直点头，煞有介事地说："对！这理由够充分，像寤生那么不孝顺母亲，不爱护兄弟的家伙，就让咱们来重重地处罚他吧！"

州吁打算联合郑国共同出兵。石厚献计说："最好能再联合宋国的力量，这样一来，五国一起出兵，还担心不能一举打垮郑国吗？"州吁说："陈、蔡两国向来顺从天子，现在天子和寤生意见不合，他们为了讨天子的欢心，一定会答应跟咱们去打郑国。可是又怎么样才能叫宋国和鲁国兴兵相助呢？"石厚说："主公有所不知，现在的宋公是宋穆公的侄子，宋穆公的儿子公子冯反而出奔到郑国，于是宋公总是担心郑伯会帮助公子冯去抢他的君位，现在咱们约他去袭击郑国，不就是也帮他去灭公子冯吗？这正合他心意，他哪有不答应的道理。至于鲁国嘛，大权全握在公子手里，他根本不把鲁君放在眼里，我们只要多多贿赂他，他一定会鼎力帮忙。"

州吁听了石厚这番话，非常高兴，立刻进行部署，事情正同石厚说的一模一样。宋、鲁、陈、蔡都按照州

吁规定的日子,率兵前来帮助卫国。五国的人马把荥阳的东门团团围住,挤得水泄不通。郑庄公紧急和大臣们研究对策。大臣们一个个方寸大乱,有人主张讲和,有人主张迎战,乱成一团。最后,郑庄公笑着说:"这些都不是好办法,在这五国里头,除了宋国因为咱们收留公子冯,而与咱们有嫌隙之外,其他国家都和咱们无冤无仇。州吁刚刚篡夺君位,不得民心,所以才借故煽动四国出兵,目的只不过是为了打场漂亮的胜仗,好取得老百姓的信赖,我们只要留给他一点面子,他就会退兵了。"于是,他叫公子冯躲避到长葛去,派人去对宋公说:"公子冯投奔到我们这里来,我们不好意思杀他,现在他躲到长葛去了,杀不杀他都与我们无关,请宋公看着办吧!"宋公出兵本来就是为了要消灭公子冯,听到这番话,当然就把军队调往长葛去了。蔡、陈、鲁三国见宋国兵马走了,也都想班师回去。

　　此时,郑庄公就派公子吕去跟卫国人交战,并叮嘱他:"无论如何要给他留点面子。"于是,公子吕领着一队人马出了城门,石厚就引兵招架。另外三国的将士全都抱着胳臂肘,在旁边看热闹。公子吕和石厚只打了几个回合,就往西门跑去,石厚带着人马紧追不舍,谁知

第十二章　符言

公子吕的军队进了城，闭上城门，竟不出来了。石厚只好叫士兵把西门外的稻穗全割下来，送回卫国，大摇大摆地如同打了胜仗般领兵回去。四国的兵马就这样莫名其妙地都各自回去了。

州吁、石厚"凯旋而归"，原以为卫国的老百姓会夹道欢迎，赞扬他们的神勇英明，谁知老百姓反而窃窃私语，抱怨他们无缘无故发动战争，搅乱了大家平静的生活，有人甚至想结伴到雒邑去向天子告状。州吁对石厚说："唉，国人仍然不服我，怎么办呢？"石厚说："我父亲当年在朝廷里的口碑很好，人人佩服他，如果把他老人家请出来，参与国家大事，老百姓一定没话说，您的君位也就可以保住了。"州吁也认为，找个德高望重的人支持他，也许比攻打郑国更能得人心，就叫石厚去求他父亲。

石厚的父亲石碏，就是因为厌恶州吁的所作所为，才告老还乡的，这次，仍谎称有重病，坚决拒绝入朝当官。石厚只好请示他："新君担心人心不服、君位不定，请问您有什么好主意帮助他？"石碏说："诸侯即位应该经过天子的同意，只要天子同意了，也就名正言顺了。"石厚点点头，说："话是不错，就怕天子不同意，总得

鬼谷子

先有人劝说才好哇。"石碏一边抚着银白色的胡子,一边说:"唔,我想想看……有了,陈侯对天子百依百顺,天子非常厚爱他,咱们和陈侯关系一向都很密切,你们先到陈国去,请陈侯先在天子前面美言几句,然后你们再去觐见天子,这不就行了吗?"石厚把父亲的好主意转告了州吁,两人拍手叫好,立刻置备了一些玉帛礼物,往陈国去了。与此同时,石碏也写了一封信,暗地里打发人送给他的好朋友陈国的大夫子针,请求他助一臂之力。

州吁和石厚满怀着希望到了陈国,陈桓公叫子针招待他们,请他们到太庙里相见。子针事先早把太庙布置好了带领,还刻意安排了许多武士准备伺候两位贵宾。他们由子针着到了太庙门口,只见门外立着一块牌子,上面写着:"不忠不孝的人不准进入。"州吁和石厚倒抽一口冷气,诧异不已,不知该不该进去。石厚问子针:"这块牌子在这里是什么意思?"子针说:"这是敝国的规矩,先君的遗意,没有什么特别的用意。"他们这才放了心,大胆地进去。到了庙堂上,州吁和石厚正要向陈桓公行礼,却听见陈桓公扯开嗓门大声地说:"天子有令:逮捕害卫侯的乱臣州吁和石厚!"他的话音刚落,

第十二章　符言

早就等在一旁的武士立即上前抓住了他们。子针拿出石碏的那封信,当众朗读,大意是说:外臣石碏写信给敬爱的郑侯:卫国不幸,发生了谋杀国君的大祸,这全是州吁和石厚的恶行,如此不忠的人若不治罪,往后乱臣贼子就会更加嚣张,为所欲为,祸国殃民。我的年岁大了,没有力量处治他们,实在有负先公对我的爱护。现在我想了个办法让他们来到贵国,请您本着天理正义,严惩他们,这不仅仅是替卫国除害,也是为天下除害!

直到这时候,州吁和石厚才知道他们中了石碏的计谋。陈桓公想当场把他们俩杀了,子针上前阻止说:"先别杀!石厚是石碏的亲生儿子,咱们不便杀他。还是通知卫国,请他们自己处置吧!"陈桓公于是吩咐手下将他们俩监禁在两个地方,以免他们互通消息,同时打发使臣连夜去通知石碏。

石碏自从告老还乡后,就不再过问朝廷里的事了。今天接见了陈国的使臣,才特意到朝堂去找大臣们。大家知道了事情的来龙去脉,全都惶恐地说:"这是国家大事,全凭国老做主。"石碏说:"他们俩犯的是死罪,咱们只要派人到陈国去杀了他们就行了。"有位大臣自告奋勇地说:"乱臣贼子,人人都可以杀。我去杀州吁吧!"

大臣们都说:"好!不过,主犯既然判了死罪,从犯就从轻发落吧!"他们这么说,为的是不忍石碏遭到丧子之痛。没想到石碏却火冒三丈,说:"州吁的罪,全是我那没出息的小子捣腾出来的,你们网开一面,留下他一条命,岂不是以情害义吗?你们当我是什么人?……谁去杀石厚?……谁去杀石厚?"问了两声,都没有人回应,朝堂上一片死寂。石碏气得满脸通红,最后他说:"没有人肯去?好,我自己去!否则我无脸见人!"他的一个家臣赶忙上前说:"国老别生气,我去杀石厚吧。"于是两人就依照卫国大臣们的意见去处治州吁和石厚。他们到了陈国,先去拜见陈桓公,感谢他除暴安良的恩德,然后分头去办事。州吁见了来人,大声吆喝说:"你是我的臣下,怎么敢来杀我?"那个人就说:"你不是杀了国君吗?我只是以你为榜样而已。"州吁无言以对,只好俯首受刑。石厚见了来人,央求说:"我罪该万死,但请让我见见我父亲再死吧!"那个家臣说:"我奉你父亲的命令来杀你,你如顾念父子之情,我就拎着你的脑袋回去见他吧!"说定拔剑斩杀了他。

石碏和卫国的大臣们治死了州吁和石厚,立公子晋为国君,就是卫宣公。卫宣公因为上次卫国联合四国攻打郑国,害怕郑伯前来报复,就打发使臣去聘问,也算是向郑国赔不是,借此恢复友好关系。

二、卖柑者言

"卖柑者言"这个故事告诫人们要有真才实学,不能哗众取宠。

此典出自《郁离子》。

杭州有一个卖水果的人。他善于储藏柑子,能使柑子经历严寒和暑热而不溃烂。他的柑子拿出来光闪闪的,质地坚实如玉,颜色橙黄如金。到市上去卖,即使价钱比别人的高十倍,大家还是争先恐后地购买。我也买了一只,剖开它时却有像烟尘一样的东西直冲口鼻,仔细一看,柑子的内部已经干枯得像破旧的棉絮了。

我责怪地问他说:"你卖给人家的柑子,是用来放在器皿中作为祭祀神灵、招待宾客用的呢,还是只是炫耀那外表以愚弄蠢人和瞎子呢?你太过分了啊!"

卖柑的人笑着说:"我卖水果已经有很多年了,就凭借这个办法生存。我卖出柑子,人家取走柑子,从来没讲过什么,却独独不能满足你的需要啊!现在,那些

掌握兵符、坐在虎帐中的人,威风凛凛地好像是保卫国家的栋梁,他们真能够制订出像孙膑、吴起那样的战略吗?还有那些戴着高帽、拖着腰带的人,趾高气扬地好像是朝廷的栋梁,他们真能够建树起像伊尹、皋陶那样的事业吗?现在的实际情况是,盗贼蜂起却不知道防御,百姓困苦却不知道救济,官吏奸猾却不知道禁止,法纪败坏却不知道整顿,他们就知道浪费国库中的粮食而不知道耻辱。你看看那些坐高堂、骑大马、痛饮美酒、饱餐佳肴的人,从外表看来哪一个不是形象高大,叫人感到可敬,威风显赫,可以作为榜样呢?这样看来,哪里不会出现金玉其外、败絮其中的现象啊!现在,你不去考究这些,却来考究我的柑子!"

我无言以对,仔细想想他的话,觉得他与东方朔之类的人很相似。难道他是因为痛恨世上邪恶行为而借助柑子来进行讽刺吗?

三、偃旗息鼓

"偃旗息鼓"用以说明战斗的休止;也比喻一切争吵或动乱的平息;还可以用来说明一些不法之事因被追

第十二章 符言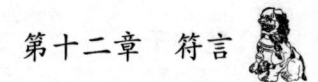

查得紧而暂时停顿。

此典出自《三国志·蜀书·赵云传》:"云入营,更大开门,偃旗息鼓,公疑有伏兵,引去。"

三国时代,黄忠在定军山下把曹操大将夏侯渊杀死,曹操亲自率领军队二十万来替夏侯渊报仇;并派张郃搬运粮草屯在汉水北山的脚下。黄忠和赵云奉命一同去烧劫粮草。后来赵云见黄忠和张著被曹兵分开围住,不能脱身,就奋勇刺死了曹操部将慕容烈和焦炳,打败了张郃和徐晃,这才救出了黄忠和张著。

曹操在高山上看见赵云如此英勇善战,所到之处,曹军节节败退,心里非常恼怒。随即亲自带领大军下山助战。赵云的部下张翼看见赵云的后面有强大军马追来,就请赵云下令关紧寨门。赵云坚决不肯,反而命令大开寨门,放倒旗帜,停止擂鼓;在寨外战壕里面埋伏下弓箭手。他自己独自骑着马,提着抢,站在营寨的门口。

曹操赶到,下令急攻,可是看见赵云仍然威风凛凛地站着不动,却又向后急退。赵云趁势把手一招,战壕里立刻万箭齐发。曹操不知赵云到底埋伏了多少兵马,首先拨马逃走,其余将领也在后面争着逃命,赵云和黄

忠率军在后面紧追不舍,终于占领了曹军营寨,夺取了曹军粮草。

四、扬长避短

"扬长避短"指在战争中,应掩盖自己的劣势,发挥自己的优势。

此典出自《史记·淮阴侯列传》:"不以短击长,而以长击短。"

楚汉之争时,韩信率领数万军队,东经井陉进攻赵国。赵王赵歇、丞丁陈余知道这个消息后,立即发兵二十万驻扎在险要的井陉道口。谋臣李左车建议说:"韩信的军队长驱而来,就像锋利的刀口一样锐不可当,大王不要与他正面交锋为好。请大王借给我三万士兵,从小路去袭击韩信的后方,烧毁粮草,不到十日,韩信的头就可到大王帐下。"陈余反对说:"韩信的军队本来不多,又不远千里来袭击我们,对这样疲惫之师,何必用偷袭方法!"赵王拒绝了李左车的建议。

后来,韩信在井陉口击败赵军,活捉了李左车,李左车被带到韩信面前,韩信请他上坐,并亲自为他解开绳索,拜为老师。李左车非常感动。韩信想乘胜进攻北方燕地和东方齐地,就征求李左车的意见。李左车说:"败军之将谈不上勇气,亡国大夫侥幸活命。我当了俘虏,哪有脸面与将军一起讨论军事大事!"韩信安慰说:"先生是赵国的杰出人才,只是赵王不采纳你的意见罢了;否则,当俘虏的可能就是我了!"李左车见韩信一片真诚,就将自己的想法说了出来。他说:"将军一举攻下井陉,击败赵国二十万大军,威震天下,名扬海内,这是将军的长处;但将军的军队连续行军,已经疲惫不堪了,很难再远行打仗,这是将军的短处。善于用兵的人不以短处攻别人的长处,而是以自己的长处进攻别人的短处。所以,现在应让将士休息,同时利用战胜后的军威,致书燕、齐,进行政治攻势,使他们望风归顺。"

韩信听后,高兴地说:"这正符合我的心意!"

五、直捣黄龙

"直捣黄龙"比喻一鼓作气拿下敌人的老巢,取得战斗的最后胜利。

鬼谷子

　　此典出自《宋史·岳飞传》："飞大喜,语其下曰:'今番直抵黄龙府,与诸者痛饮耳。'"

　　岳飞,字鹏举,相州汤阴人。他年轻时精通兵法,武艺过人。

　　二十岁时,岳飞报名参军,任秉义郎(下级军官)。他奋勇杀敌,多次立下战功,职位不断升高,最终成为南宋主要的抗金将领。

　　绍兴五年,岳飞任靖远节度使,为了壮大队伍,收复北方失地,他派部下梁兴等人去两河一带宣传他的主张,号召义军与官兵联合抗金。义军纷纷归附岳飞,打上"岳"字旗号。顿时,"岳家军"声势浩大,震动天下,所到之处,父老百姓争着拉车牵牛,运来粮食欢迎岳家军到来,在道路两旁焚香跪拜。金兵听说岳家军已经来到了,往往不战而败。金主兀术想调动军队抵抗岳飞,但河北没有一个人响应,兀术叹息道:"从我在北方起事以来,还没有受过这么巨大的挫折。"金兵主帅乌陵思一向是刚勇而狡猾,这时也没有办法控制他的部下,只好劝慰他们说:"我们不要轻举妄动,等岳家军一来就投降。"在岳家军的震慑下,金兵统制王镇、统领崔庆纷纷归降岳飞,金将军韩常也打算带五万人马秘

密投降。抗金形势大好，收复北方失地，夺取最后胜利指日可待。岳飞异常兴奋，对部下说："直抵黄龙府，与你们痛饮一场！"

六、墨子破云梯

在战国初年的时候，楚国的国君楚惠王想重新恢复楚国的霸权。他扩大军队，要去攻打宋国。

楚惠王重用了一个当时最有本领的工匠。他是鲁国人，名叫公输般，也就是后来人们称为鲁班的。公输般使用斧子不用说是最灵巧的了，谁要想跟他比一比使用斧子的本领，那就是不自量力。所以后来有个成语，叫做"班门弄斧"。

公输般被楚惠王请了去，当了楚国的大夫。他替楚王设计了一种攻城的工具，比楼车还要高，看起来简直是高得可以碰到云端似的，所以叫做云梯。

楚惠王一面叫公输般赶紧制造云梯，一面准备向宋国进攻。楚国制造云梯的消息一传扬出去，列国诸侯都有点担心。

特别是宋国，听到楚国要来进攻，更加觉得大祸

临头。

楚国想进攻宋国的事，也引起了一些人的反对。反对得最厉害的是墨子。

墨子，名翟，是墨家学派的创始人，他反对铺张浪费，主张节约；他要他的门徒穿短衣草鞋，参加劳动，以吃苦为高尚的事。如果不刻苦，就是算违背他的主张。

墨子还反对那种为了争城夺地而使百姓遭到灾难的混战。这回他听到楚国要利用云梯去侵略宋国，就急急忙忙地亲自跑到楚国去，跑得脚底起了泡，出了血，他就把自己的衣服撕下一块裹着脚走。

这样奔走了十天十夜，到了楚国的都城郢都。他先去见公输般，劝他不要帮助楚惠王攻打宋国。

公输般说："不行呀，我已经答应楚王了。"

墨子就要求公输般带他去见楚惠王，公输般答应了。在楚惠王面前，墨子很诚恳地说："楚国土地很大，方圆五千里，地大物博；宋国土地不过五百里，土地并不好，物产也不丰富。大王为什么有了华贵的车马，还要去偷人家的破车呢？为什么要扔了自己绣花绸袍，去偷人家一件旧短褂子呢？"

楚惠王虽然觉得墨子说得有道理，但是不肯放弃攻

第十二章　符言

宋国的打算。公输般也认为用云梯攻城很有把握。

墨子直截了当地说："你能攻,我能守,你也占不了便宜。"

他解下了身上系着的皮带,在地下围着当做城墙,再拿几块小木板当做攻城的工具,叫公输般来演习一下,比一比本领。

公输般采用一种方法攻城,墨子就用一种方法守城。一个用云梯攻城,一个就用火箭烧云梯;一个用撞车撞城门,一个就用滚木擂石砸撞车;一个用地道,一个用烟熏。

公输般用了九套攻法,把攻城的方法都使完了,可是墨子还有好些守城的高招没有使出来。

公输般呆住了,但是心里还不服,说:"我想出了办法来对付你,不过现在不说。"

墨子微微一笑说:"我知道你想怎样来对付我,不过我也不说。"

楚惠王听两人说话像打哑谜一样,弄得莫名其妙,问墨子说:"你们究竟在说什么?"

墨子说:"公输般的意思很清楚,不过是想把我杀掉,以为杀了我,宋国就没有人帮助他们守城了。其实

他打错了主意。我来到楚国之前,早已派了禽滑釐等三百个徒弟守住宋城,他们每一个人都学会了我的守城办法。即使把我杀了,楚国也是占不到便宜的。"

楚惠王听了墨子一番话,又亲自看到墨子守城的本领,知道要打胜宋国没有希望,只好说:"先生的话说得对,我决定不进攻宋国了。"

这样,一场战争就被墨子阻止了。

七、退避的晋文公

晋文公重耳是晋献公的儿子。在晋献公被立为太子的时候,重耳已长大成人。晋献公即位那年,重耳已二十一岁了。晋献公即位第十三年(公元前664年),因为骊姬进谗言的缘故,重耳被派守蒲城防备秦军。

晋献公二十一年(公元前656年),献公在骊姬的挑拨下杀死了太子。当重耳去看望父亲时,骊姬又进谗言加害重耳。重耳非常害怕,没有向献公告辞就返回蒲城去了。

晋献公二十二年(公元前657年),献公派宦官履去杀害重耳。重耳翻墙而逃。宦官履在后面紧追不放,

第十二章 符言

赶上前去斩下了他的衣袖。重耳没有办法，只好带着身边的一帮人投奔他生母的故国——狄国。这一年，重耳四十三岁。

重耳在狄国住了十二年，还是不敢回国，只得在各国之间奔走流浪。大约在晋惠公十三年（公元前638年），重耳十分狼狈地离开郑国，来到了楚国。

楚国是南方一个大国。国君楚成王意识到，以后要向北发展，就要和晋国取得谅解，搞好关系。这引起了他对重耳的重视。

重耳来到楚国后，楚成王用相当于诸侯的礼节接待他，重耳辞谢不敢承当。随从赵衰说："您流亡在外十几年，连小国都轻视您，何况大国呢？如今楚作为大国而坚持如此款待您，您就不必谦让了。这是上天在保佑您啊！"重耳于是以相应的宾客礼节会见楚成王。

一次，楚成王举行盛大的宴会招待重耳。席间，成王对重耳说道："您如果返回故国，当上了国君，用什么来报答我呢？"重耳很恭敬地说："美女和玉帛等物，君王您有的是；鸟羽、牛尾、象牙、犀角等物，就产在您的土地上。我实在不知道用什么来报答您的好。"

成王又说："即便如此，您总该有所表示吧，到底

想用什么来报答我呢？"重耳想了一下说："如果托君王的福，能返回晋国当上国君，倘若有朝一日晋楚失和，同您各领兵车在平原旷野相会，我将退避三舍，以报答君王今日的盛情！"

重耳在楚国居住了几个月后，在秦国作人质的晋国太子圉从秦国逃亡，秦穆公因此怨恨太子圉。听说重耳在楚国，便派人来召季。楚成王说："秦国和晋国毗邻接界，秦君又贤明，您就好好去吧！"并备厚礼为重耳送行。

晋惠公十五年（公元636年），重耳在秦国重兵的支持下，趁着晋惠公死后晋国的混乱，回到了晋国，当上了国君，即晋文公。这一年，重耳已经六十二岁了。

晋文公当国君的时候，楚国的势力已经达到黄河流域，有取代齐桓公称霸中原之势。晋国在经过一段时间的发展之后，内部已经统一，国土也扩大了不少，国力逐渐强大。晋文公当政之后，更是加紧发展生产，整顿吏治，训练军队，终于成了北方一大强国。

新兴起的晋国，只有向南发展，才能成就霸业。这就必然与北进的楚国发生冲突。于是，两国之间的战争便不可避免了。

晋文公五年（公元前632年），晋楚两国的军队终于在曹国相遇。以实力而论,楚强晋弱。晋文公一是为了避开楚军的锋锐,二也是为了实践自己"退避三舍"的诺言,便令晋军主动从曹(今山东定陶)退到卫国境内的城濮(今山东鄄城临濮集)。

楚国的主将子玉是一个十分骄傲的人物。晋军后退,别的将领都主张楚也撤军,子玉则坚持不干,并命令楚军一直紧追到城濮,扎下营寨。他以十分轻蔑的口气向晋文公下了一道战书,写道:"我愿与君王的部下在这里游戏一番。"

晋文公派人回答道:"楚王的恩德我国国君还不肯罢休,那就请你们准备好战车,整顿好队伍,明天早上相见吧!"

交战开始,晋军用诱敌深入、迂回抄袭的战术,打败了楚军。从此,楚国北进的打算受挫,逐渐向南退缩。晋文公的霸业就此确立了起来。

八、春秋偪阳之战

在我国历史上的周代,周平王自镐京(陕西西安市长安县)东迁洛邑(河南洛阳市),是为东周,从此王

室衰颓,不再有控制诸侯的力量。诸侯之国以强凌弱,以大压小,战火四起,互相兼并。到了春秋之时,楚共王(前590～前566年在位)占据长江中游天险,地广人众,兵力雄厚,欲霸天下,气势逼人。晋悼公(前572～前558年在位)联合诸侯力量,欲与楚国抗衡,但是仍觉势单力薄,不足以成事,于是便想通好雄据长江中下游的吴国,把它作为犄角之势。而偪阳国乃据吴国进入北方之要冲,对于野心勃勃的吴王寿梦(前585～前561年在位)来说,如骨鲠在喉。为了买好于吴,晋悼公便邀请诸侯各国会盟于驻扎,趁机灭掉偪阳国。

鲁襄公十年(前563年)农历四月,晋悼公以霸主的身份,召集鲁襄公、宋公、卫侯、曹伯、薛伯、杞伯、郯子、滕子、小邾子、齐世子光,遂结为联盟,以图霸业。会上,晋国的大将荀偃、士匄以偪阳国倾向于楚国为由,请求讨伐偪阳国,借以打通进攻楚国的道路。晋国的主将荀䓨听了,不以为然。他分析说:"偪阳城虽小,却相当坚固,易守难攻。即使攻下来,也不算勇敢;如果攻不下来,反而被诸侯耻笑。"荀偃、士匄再三请战,并当场立下了军令状,荀偃只好点头同意。于是,13国诸侯之师,战车辚辚,旌旗蔽日,浩浩

第十二章 符言

荡荡地向小小的偪阳国杀来。

正如荀所言:"偪阳虽小,其城甚固。"偪阳城依土山而建,城周长 3293 米,有"九里单八步"之说。南北长,东西宽,大体呈长方形,至今城墙最高处(北城墙)尚高出地平面 8～10 米,并建有 6 座城门(南、北门各一,东、西门各二)。《峄县志·古迹考》上说:"偪城在运河南,即左氏所谓'城小而固'者也。城周十余里,中据土山,外建六门。东门外高冢累累,则传为偪阳君墓也。"又说:"偪阳城,峄县南 60 里,城周 9 里,基址宏阔。土人往往得古砖,坚如金石,琢为砚,尤良。"《峄县志·搜遗》上说:"峄地,古陶器颇多,而以偪阳砖为甲。其制古拙,无文,长尺有,宽半之,质坚,重逾于金石。人得之以为砚,付手民(以手艺为业者)制之,锋刃不能入也。"另据后人传说,偪阳子豹,外能安邦,内能治国,是一个有勇有谋的国君。

偪阳城内西南隅有一座小山。当诸侯大军即将到来之时,偪阳子作了充分的准备,还巧施一计,命令城内士民背着小米,在山上洒了个遍,一夜之间就成了一座金灿灿的米山。

却说诸侯大军开抵偪阳城下,将偪阳城团团围住。

 鬼谷子

晋国主将荀骑马观阵。随从一将看见，心中一惊，便说："偪阳城城小而固，易守难攻；又有堆积如山的粮食，坚守一年半载，何足为虑？"

这就是米山的来历。荀对着米山仔细观察，又凝思一阵，似有所悟。于是从箭壶中拔出箭来，拈弓搭箭，对着米山"嗖"、"嗖"、"嗖"接连射了3箭，箭头着"米"便倒。荀哈哈大笑，说："如果是米山，箭头射入，不会倒地。而今箭头着'米'便倒，一定是一座石山。此乃疑阵，不足为虑！"于是荀匄下令13国诸侯联军合力攻城。

而今且说13国诸侯之师将小小的偪阳城团团围住，合力攻打。偪阳城内，君臣一心，官兵一致，坚守城池。联军接连攻了几天，一直攻不下来，而又不肯离去。

这时候，鲁国孟氏的家臣秦堇父押送辎重来到偪阳城下。偪阳人打开城门楼上的悬门，企图夺取辎重。而秦堇父和狄虎弥见城门高悬，以为有机可乘，便率先挥军向城内杀去，鲁大夫叔梁纥率部紧随其后。鲁军刚刚进去一半，忽然听到城门"豁啦啦"一声响亮，偪阳城守门士卒急忙将悬着的城门放了下来，企图关门打狗，分而歼之。

第十二章 符言

叔梁纥正率领鲁军向城内攻去,猛然抬头,看见原先提起的城门正在下落,大吃一惊:"大事不好!万一让他们将鲁军切成两半,那么困在城里的鲁军定将覆没!"他急中生智,连忙将手中的长戈扔在地上,举起双手,将正在下落的千斤城门奋力托起,并大喝一声:"赶快退兵!"后军看见情况有变,忙"哐""哐""哐"地敲起锣来。已经攻进城里的鲁将秦堇父和狄虎弥听到收兵的号令,深恐后队有变,即令其部后队变前队,赶快退兵。待到攻进城里的鲁军全部退尽,叔梁纥双手向上一掀,就势撒开,那悬着的城门便落下了闸口。叔梁纥回到本营,对秦堇父和狄虎弥说:"二位将军之命,悬于我之腕也!"

据《峄县志·流寓志》引《春秋左传》载:"鄹人纥,仲尼父叔梁纥也,为鄹大夫。身长七尺,武力绝伦。偪阳之役,纥抉悬门以出诸侯之师。"

诸侯之师仍不甘心,继续鼓噪攻城。这时,鲁将狄虎弥取来一只大车轮子,蒙上坚甲,作为盾牌,拿在左手,右手拔出长戟,独自前去挑战。孟献子看到此情此景,感叹地说:"《诗经》上说:'有力如虎。'说的就是狄虎弥啊!"

鬼谷子

　　偪阳城上的官兵，见鲁将施逞勇力，遂拿来一匹布，取开，沿城墙外放下，引鲁军登城。鲁将秦堇父即以手牵布，左右交换，须臾便盘至城堞。方欲登城，城墙上的偪阳守军用刀割断悬布，秦堇父便从半空中重重地摔了下来。偪阳城墙高数仞，秦堇父这一跤摔得不轻，半天没有爬起来，可他全然不顾。这时，城上悬布复又垂下。秦堇父翻身爬起，又手抓悬布，再次奋力上攀。刚刚接近城堞，悬布复被割断，秦堇父又被"咚"的一声摔到城墙脚下，当场就被摔昏了过去。当他刚刚苏醒过来时，布第三次垂下。秦堇父挽布如前，全无惧色。如此连续3次，偪阳人从心里佩服鲁将的勇猛，不再向下垂布了，只好命令全城的军民全力守城。秦堇父遂取来3截断布，在诸侯之师的营地上巡回展示了3天，以示其勇。

　　诸侯之师围攻偪阳城已达24天，仍未攻下。攻者已倦，而守者有余。时值夏令，恐有大水，军无退路，将生变故。荀偃、士匄二将便向主将请示说："雨季快到了，偪阳城久攻不下，再拖延下去，恐怕回师不便。请你下令退兵吧！"荀一听，不由大怒，顺手抄起身边的弩机向二将掷去，口中骂道："老夫当初就说过：'偪阳

第十二章 符言

城小而固,未易下也。你们不听,自认可灭,在晋侯面前一力承当,牵连老夫,以致于此!攻城这许多日,未见有尺寸之功,现在又想班师。来由得你们,去就由不得你们了!再给你们7天的期限,如若再攻不下偪阳城,老夫就要你们的脑袋!"二将被骂得面红耳赤,诺诺而退。

五月初四,诸侯之师再度组织攻城。荀偃、士匄身先士卒,虽然城上矢下如雨,亦全然不顾。偪阳城中,在内无粮草、外无救兵的情况下,将帅一心,军民团结,誓守孤城。他们先用箭射,箭用光了就用滚木、擂石。双方又坚持了4天。五月初八,城中的箭弩和滚木、擂石都用光了。荀偃、士匄一看,大喜过望,便率先爬上城墙,各国将士亦紧随其后,蚁附而上。经过一番激烈的巷战,偪阳城终于被13国联军攻下,偪阳子豹只好率领群臣投降。

从四月初九13国诸侯的军队联合围城,到五月初八攻下偪阳城,前后共费时29天。偪阳国虽小,但它作为一个小小的诸侯国,抵抗住了13国联军的猛烈进攻,坚持近月,浴血奋战,其艰苦、顽强的精神令人钦佩。因此,春秋偪阳之战被载入了中国的史册。

阳国被灭后,晋悼公把它送给了宋国。随后,晋悼公将偪阳子豹贬为庶人,除选择族人之贤者留下以主持姓之祭祀外,其余所有君臣宫妃用人全部迁到晋国的霍城。

九、烛之武退秦师

僖公三十年九月十日,晋文公和秦穆公联合围攻郑国,因为郑国曾对晋文公无礼,晋文公出亡过郑时,郑国没有以应有的礼遇接待他并且从属于晋的同时又从属于楚。郑伯有晋盟在先,又不肯专一事晋,犹生结楚之心。晋军驻扎在函陵,秦军驻扎在氾水的南面。

郑国大夫佚之狐对郑伯说:"郑国处于危险之中了!假如让烛之武去见秦伯,秦国的军队一定会撤退。"郑伯同意了。烛之武推辞说:"我年轻时,尚且不如别人;现在老了,也不能有什么作为了。"郑文公说:"我早先没有重用您,现在危急之中求您,这是我的过错。然而郑国灭亡了,对您也不利啊!"烛之武就答应了这件事。

烛之武在夜幕的掩护下到了秦营,见到了秦王。

进得门来,见到秦王,烛之武倒头便拜。"大王

第十二章　符言

啊！"秦王见来人进门就拜，心中好生奇怪，仔细一看，是一糟老头子，心中便起厌恶之意。但转念一想，自己素来标榜尊老敬老，而且这说不定是个人物，就赶忙上前，搀起烛之武，说道："老人家何至于此！寡人见老人家面生，您是？"烛之武受扶站起，回道："老朽郑国烛之武。"秦王听得这话，心中一惊，莫不是郑伯派来的说客？秦王故作笑脸，道："原来是烛之武老人家啊，久仰久仰。但老人家何故弄得这般模样？"烛之武脸上显出悲痛的神色，这使他看起来更加落魄。"老朽后悔啊！早知今日，何必当初啊！"秦王未料听得这话，忙问："老人家，此话怎讲？""唉！想当年，老朽年轻气盛，怀着一腔热血誓要报效国家，回绝了各国前来邀请的使节。"烛之武见秦王上钩，脸上悲痛悔恨之色愈浓，凄然道："怎料郑伯并非伯乐，不肯重用。老朽有心经商，却无经商之才。好不容易谋个一官半职，却发现郑地实在无油水可捞。这不，直到现在，老朽仍是孑然一身，无妻无室，也落得穷困潦倒。"秦王听后，脸上便显出失望的神色，心想晋文公真是个骗子，说什么"郑地物美，珍宝尽有之"，害得我带着军队千里迢迢地赶来帮他攻郑，军队损失暂且不说，来一趟却啥也捞不着,回去怎么跟国民们交待啊!秦王心中暗暗有退兵之意。烛之武继续说:"大王和晋王共同围郑,郑伯已经知道事态的严重,也知道错了。但灭亡了郑国真的对大王您有利吗?大王您带兵越过别的国家来到汜水,一定是舟车劳顿,实属不易。大王您想,那晋王是怎样一个人物,岂能放着肥肉不要而拱手送人呢?这足以看出郑国并非肥肉,晋王只是因为与郑伯有私怨罢了。大王帮助晋王围郑,郑亡必然归晋,晋的领土就会扩张,晋的领土大了,秦的领土也便缩小了。晋王的为人大王您也不是不知道。您于他有恩,他曾许诺送您焦、瑕两地。但他早上渡过黄河回国,晚上便修筑防御工事。这样的人,灭亡郑以后,必然会打秦的主意啊!"

秦王听了烛之武的这番"慷慨陈词"之后沉默了,心想他说的的确有道理,但碍于面子上下不来,于是说:"那郑伯实在无理,居然敢从属二国。晋王落难他还落井下石,他这是咎由自取!"烛之武听后笑眯眯地说:"大王说的是,老朽一向不赞成郑伯当时的做法。大王既英明又通达事理,想必早就看出晋王以后定是个人物,因此以礼相待。大王目光之长远,虑事之周密,老朽实在是佩服!"秦王听后哈哈大笑,紧紧握住烛之武的手，连声说："知我者，烛之武啊！"

然而晋惠公早上渡过黄河回国，晚上就修筑防御工事，这是您知道的。晋国，怎么会满足呢？现在它已经在东边使郑国成为它的边境，又想要扩大它西边的边界。如果不使秦国土地亏损，将从哪里得到呢？削弱秦国对晋国有利，希望您考虑这件事！"

秦伯心悦诚服，就与郑国签订了盟约。派遣杞子、逢孙、杨孙守卫郑国，于是秦国就撤军了。

子犯请求袭击秦军。晋文公说："不行！假如没有那人的力量，我是不会到这个地步的。依靠别人的力量而又反过来损害他，这是不仁义的；失掉自己的同盟者，这是不明智的；用散乱的局面代替整齐的局面，这是不符合武德的。我们还是回去吧！"晋军也就离开了郑国。

于是，围郑之急就这样解了。

一〇、秦王吞并六国

秦王政斩了荆轲，恨透了燕国，就加紧攻打燕国。燕太子丹亲自带着兵马出去交战，被秦军打得稀里哗

啦。燕王喜和太子丹带着一部分兵马和老百姓退到辽东。秦王政非要把太子丹拿住不可，燕王喜只好杀了太子丹，向秦王政谢罪求和。

谋士尉缭对秦王政说："韩国已经兼并，燕国搬到辽东，赵国只剩了一个代城（今河北蔚县），他们还能干得了什么？目前天冷，不如先收服南方的魏国和楚国。把这两国收服了，辽东和代城自然也就完了。"秦王政就把北方的军队撤回，派十万人马去打魏国。

公元前225年，秦国灭了魏国，接着去打楚国。秦王政发兵二十万，结果打了败仗，将军死了七名，士兵死伤无数，退了回来。秦王大怒，用自己的车马亲自把王翦（jiǎn）接到朝廷里来，拜他为大将，交给他六十万兵马。出兵的那天，秦王政亲自送到灞上（今陕西西安东）摆酒席给王翦送行。王翦斟了一杯酒，说："请大王干了这杯。"

秦王政接过来，一口喝完。王翦从袖子里掏出一张单子来，上头写着他要咸阳上等的田地几亩，上等的房子几所，请秦王赏赐。秦王政一口答应下来，心里想："这位将军小家子气。"

王翦率领着六十万大军去打楚国，路上又打发人回

第十二章　符言

去向秦王请求给他修一个花园，过了几天，再派人去恳求秦王赏赐一个水池子，里头好养鱼。副将蒙武笑着说："老将军请求了房屋、田地、还要花园、水池子？打完了仗，将军还怕不能封侯吗？"王翦咬着耳朵对他说："哪个君王不猜疑，你能保证咱们的大王不这样？他这回交给了咱们六十万大军，简直把全国的兵马都交给咱们了。我左一个请求，右一个请求，为的是让大王知道我惦记着的不过这点儿小事，好让他安心。"蒙武这才明白过来。

王翦的大军到天中山（在今河南商水西北）驻扎下来。楚国大将项燕带了二十万兵马，副将景骐也带了二十万兵马，向王翦挑战。王翦把一部分的人马专门用在运输粮草上，压根儿不去理会项燕的挑战。

这样过了一年多，项燕想："王翦原来是上这儿来驻防的。"他就不怎么把秦国的军队搁在心上了。没想到在楚国人不作准备时，秦军排山倒海似的冲了过去。楚国的士兵手忙脚乱地抵抗了一阵，各自逃命。项燕和景骐带着败兵一路逃跑，兵马越打越少，地方越丢越多，项燕只好到淮上去招兵。王翦打下了淮南、淮北，一直打到寿春（今安徽寿县西）。楚国的副将景骐急得

鬼谷子

自杀了,楚王负刍(楚考烈王的儿子)当了俘虏。

项燕招募了二万五千名壮丁,到了徐城(今安徽泗县北)碰见了楚王的兄弟昌平君从寿春逃来,向他报告楚王被掳的消息。项燕说:"吴、越有长江可以防御敌人,地方一千多里,还能够立国。"他就率领大伙儿渡过长江,立昌平君为楚王,准备死守江南。

王翦知道了昌平君和项燕退守江南,就叫蒙武造船。第二年也就是公元前223年,王翦准备了不少战船,训练了几队水兵,渡过长江,进攻吴、越。这时,楚国不能再挣扎了,昌平君在阵上被乱箭射死,项燕叹了口气,自杀了。这么一来,秦国想要兼并的六国只剩下燕、赵、齐三个了。

王翦灭楚以后,向秦王政告老。秦王政拜他的儿子王贲(bēn)为大将,再去收拾燕、赵。公元前222年,王贲打下了辽东,逮住了燕王喜,把他送到咸阳去。接着他就进攻代城,代王嘉(也就是赵王)兵败自杀。燕国和赵国全部归并到秦国。秦国统一六国,符合地主富商和一般民众的愿望,所以能在不到十年工夫,把韩、魏、楚、燕、赵灭了。如今只剩下一个齐国。

秦王政派王贲向齐国进攻。齐王建一向不敢得罪秦

第十二章 符言

国,他把"和好"作为靠山,死心塌地地听秦国的话。他觉得有了秦国,什么都不怕了。等到韩、魏、楚、燕、赵五国都给秦国兼并了,他才派兵去守西部的边界,却已经太晚了。公元前 221 年,秦国调动好几十万兵马像泰山一样地压下来,多年没打仗的齐国的兵马哪儿抵挡得住?这时候,齐王建想向各国求救可是各国早已完了。王贲的大军一路进来,简直一点拦挡都没有。没有几天工夫就进了临淄,齐王建投降了。

齐国一亡,范雎的远交近攻的计策完全成功了。打这儿起,六国全都归并到秦国,天下统一。

一一、陆逊火烧连营

陆逊,字伯言,三国时期吴郡吴县(今江苏省苏州市)人。他最初在孙权的将军衙署做东西曹令史,后来出任海昌屯田都尉,兼管县中政事。县中连年亢旱,他开仓赈济贫民。劝农督桑,政绩优异。当时吴郡、会稽、丹阳一带,山贼骚扰,侵害百姓。陆逊获得准许自行招兵,深入险隘征讨,一一荡平,被升为定威校尉,屯驻利浦。

镇守陆口的都督吕蒙，计划夺取荆州，扬言有病回到吴国的京城建业（今南京市）。陆逊去见他，对他说："你的防地和关羽相连，怎么不远远地离开？没有适当的人接替实在令人担心。"吕蒙说："你说的完全对，可是我病重了。"陆逊说："关羽恃着勇气惯于欺凌别人。如今建立了攻打樊城、水淹七军、斩庞德、擒于禁的大功，意气骄横思想松懈，只专心北伐进军，不留意我们，听到你病了，一定更加不会作防备。我们出其不意地进攻，定然可以成功。你见了主上，要好好商定主意。"

吕蒙见了孙权，就推荐陆逊接替自己，并说："陆逊计谋深远，才能足以担当重任。他还没有名声，关羽不会顾忌他。若任用他，叫他不动声色暗中行事，一定可以成功。"孙权就任命陆逊为偏将军右都督代替吕蒙镇守陆口。"陆逊到了陆口，写信给关羽，称颂功德，表示庆幸自己能得到盟军强有力的庇护，措辞极为谦恭。关羽本来就轻视陆逊，认为他只是个书生，后生小子；看了来信非常高兴，不再有什么防范。陆逊奏报孙权，提出偷袭荆州的方略。孙权就暗中调动军队行动，派陆逊和吕蒙为前锋部队，一出兵就攻战了公安、南

第十二章　符言

郡，跟着又攻下宜都、房陵、南乡。

关羽在樊城前线得到急报赶紧回师，却已进退失据，部下士兵逐渐溃散，终于败走麦城，被吴将潘璋所截杀。荆州全部落入东吴手中。陆逊以功劳升为右将军、镇西将军，进封娄侯。

刘备为报杀关羽、夺荆州之仇，亲自统率七十万大军讨伐东吴。孙权任命陆逊为大都督，统率五万人马前往抵御。刘备从巫峡、建平直至夷陵连营七百里，先派吴班带领数千人在平地立营，显示老弱，进行挑战。吴军将领都纷纷要求出战。

陆逊说："这里头一定有阴谋诡计，我军只许坚守，静待局势的变化。"果然刘备在山谷中埋伏了重兵，因诱敌不成，只好作罢。陆逊认为刘备军队初来，锐气正盛，应当避免交锋。敌方求战不得，相持日久，自然松懈，然后再捕捉战机。可是部下的将领体会不到他的意图，以为他害怕强敌，懦怯畏战，都心怀愤恨不满。这些将领，有的是孙策时的旧将，有的是公室贵戚，就各恃身份，不想听从号令。

陆逊按剑厉声宣布："我虽然是个书生，但接受了主上的重任。国家所以要委屈诸位听我节制调度，是因

鬼谷子

为我有些长处,能够忍辱负重的缘故。各人要负责严守隘口,不得妄动。军法无情,切莫违犯!"后来,刘备移营于山林间,陆逊用火攻计,火烧七百里连营,乘胜追击,蜀军兵败如山倒,刘备连夜逃回白帝城去了。

一二、光武帝纳蔡茂

蔡茂字子礼,河内郡怀地之人氏。西汉哀帝、平帝年间曾多次因儒学成就显赫而为世人瞩目。应一征博士考试,答辩时陈述关于灾害的观点别有新意,吗较高的名次录取,被任委为议郎,后升为侍中。王莽篡权后,蔡茂称病辞去官职,不愿为王莽治理朝政。

时逢天下大乱,蔡茂平素与窦融关系甚好、为了避难而投靠了窦融。窦融想让他当张掖太守,但蔡茂婉言谢绝,不肯就任。每次给他的粮饷,只按人口所需留下,决不多要。光武帝继位后,他与窦融都被朝廷征召,重新任命为议郎,后又升为广汉太守,政绩显著,颇受朝廷赞许。

当时阴氏家族的门客多次在他的管界内触犯禁律,蔡茂立刻按律判罚,无所避讳。恰逢洛阳令董宣审理湖

第十二章 符言

一阳公主一案。光武帝开始为此事大怒逮捕了董宣，不久又把他赦免了。蔡茂为董宣的刚正不阿感到高兴，并想让朝廷制定禁令管束皇亲国戚的不法行为，于是上书朝廷："臣听说纯化民风教育百姓一定要从劝人为善开始；要使国泰民安，没有比惩治恶行更重要。陛下您的圣德维系着国家兴荣，您受天命重新复兴汉室主持朝政以来，天下相安无事。实在应该早起晚睡，该休息时也不应休息。然而，最近以来皇亲国戚及其家属门客，多次倚仗皇帝的恩赐和他们的权势触犯国家法律，杀了人却不用偿命。伤心国家的刑律法制因此而被废弃，专政工具因此而失去威严。最近湖阳公主的奴婢在西市杀了人还与他的主人同乘一辆车出入于官府，逍遥法外多日，冤魂得不到报应。洛阳令董宣申明大义挺身一。而出，冒犯了公主，拘捕了罪犯。陛下您也不先澄清事实，就把董宣抓去鞭打一顿。当董宣刚被您抓去时。京城的人都非常关注这件事；等到董宣被您赦免后，全国都知道了这件事。现在，皇亲国戚骄逸蛮横，门下的宾客也无法无天，您应该下令让司法机关惩治罪犯，使那些伸张正义的官吏永远能够发挥他们的作用，以此平息各地的不满情绪。"光武帝采纳了蔡茂的建议。

鬼谷子

一三、深谷为陵

"深谷为陵",比喻世事变迁。

此典出自《诗经·十月之交》:"百川沸腾,山冢萃崩,高岸为谷,深谷为陵。"

春秋时,鲁昭公被鲁国的上卿季平子赶走之后,一直住在晋国的乾侯。过了一段时间,鲁昭公病重,他将自己逃出时带出的珍宝全部拿出来赏给跟他来的各个大夫,大夫们都不敢接受。后来,子家子大夫接受了鲁昭公赏给他的东西,大夫们才勉强接受了赏赐。

鲁昭公死后,子家子又带头将珍宝还回来,他说:"我当初收下,是因为不敢违背君命。"紧接着大夫们也退还了赏赐。

晋国的大夫赵简子听说后,问史官墨道:"季平子赶走了鲁昭公,然而人民都支持季平子,诸侯各国也赞成季平子这样做,没有人认为他犯罪,这是什么原因呢?"史官墨说:"事物的存在,有的成双,有的成三,有的成五,都有搭配。所以天上有日、月、星三辰,地上有金、木、土、火、水五行,身体有左右,百姓有王,王下有

第十二章 符言

公,公下有卿,这些都是相辅相成的呀!上天搭配季氏给鲁国,已很久了,百姓信服他。而鲁国的君主都很荒淫,季氏却勤恳努力,人们早就把国君忘了。所以,鲁昭公死在国外,也没有人去同情他,社会本来是变化的,君臣的位子不是固定不变的,自古以来都是这样。《诗经》上不是这样说吗:高高的堤岸可以变成丘陵(原诗曰:"高岸为谷,深谷为陵")。虞、夏、商三代的子孙们,如今都成了平民,这都是天道啊!"

赵简子听了,思忖片刻说:"看来,天道是不可以违背的!"

一四、绳趋尺步

"绳趋尺步"指举动都符合法则规矩。

此典出自《宋史·朱熹传》:"方是时,士之绳趋尺步,稍以儒名者,无所容其身。从游之士,特立不顾者,屏伏丘壑;依阿巽懦者,更名他师,过门不入,甚至变易衣冠,狎游市肆,以自别其非党。而熹日与诸生讲学不休,或劝以谢遣生徒者,笑而不答。"

南宋宁宗(赵扩)庆元(公元1195~1200年)年间,

朱熹（公元1130～1200年，南宋理学家）任焕章阁待制。当时，权臣韩佗胄与赵汝愚互相倾轧，将亲近赵汝愚的朱熹等人所提倡的道学斥之为"伪学"。赵汝愚被斥逐以后，韩佗胄更加作威作福。右谏议大夫姚愈为了讨好韩佗胄，居然谣传道学权臣结为死党，想篡位夺权呢。在韩佗胄等人的鼓吹下，皇帝居然诏告天下，要对"伪学"进行讨伐。有人还上书皇上，建议把朱熹斩首示众。当时，在这种高压政策之下，士人们全都小心翼翼，一举一动都循规蹈矩。稍以儒道之学闻名的人，在社会上没有立足之地。跟着朱熹学习、有独立见地不怕压迫的人，都隐蔽在山野之中；那种胸无定见、曲意逢迎、卑怯懦弱的人，则换请他人为师，经过朱熹的门前也不进去，甚至改换衣帽，在街上游荡，以此证明自己不是朱熹的死党。而朱熹每天依然不断为学生们讲学。有人劝告朱熹说："把学生们辞退了吧，以免遭祸。"朱熹总是笑而不答。

一五、什袭而藏

"什袭而藏"形容珍重地把物品收藏起来。

此典出自《太平御览》引《阚子》："宋人得燕石，

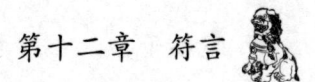

'华匮十重,缇巾十袭'而藏。"

古代时,宋国有个愚人得了块光洁如玉的石头(因产于燕山,故名燕石)。他以为这是块宝玉,便小心翼翼地收藏起来,并且把这件事告诉了邻里乡亲。乡亲们来到这个愚人家里,请求欣赏这块宝石。只见这个愚人穿戴整齐,态度非常庄重地拿出一只大箱子,打开后又从箱子里面拿出一只箱子,这样一只套一只,竟套了十只箱子。愚人从最里层的第十只箱子里,取出一个小包裹,包裹也是一层一层的,共包了十层,最后才露出了那块燕石。大家看见那块宝玉不过是一块普通的石头,一阵哄笑,随即散去。

愚人见大家"不识货",非常生气,又小心翼翼地把这块石头收藏了起来。

一六、识时务者为俊杰

"识时务者为俊杰"指只有认清当时形势,了解事物发展的规律,才是俊杰。

此典出自《三国志·蜀志·诸葛亮传》裴松之注引《襄阳记》:"儒生俗士,岂识时务?识时务者,在乎俊杰。"

鬼谷子

东汉末年,诸葛亮在未出仕之前,隐居在邓县隆中(今湖北襄阳西),躬耕自养。他才能出众,常常自比古代的著名政治家、军事家管仲和乐毅;虽然他已经隐居起来,却时常留心世事,被称为"卧龙"。徐庶等人常与他在一起探讨学问。

当时,刘备在荆州依靠着刘表,为了寻找到人才帮助他争夺天下,他去请教当地名士司马徽。司马徽对刘备说:"平庸的儒生怎会认清形势,只有那些洞悉当前形势和事物发展规律的人,才能称为俊杰。"后来,司马徽向刘备推荐了诸葛亮和庞统。不久,徐庶被曹操所逼离开刘备时,也推荐了诸葛亮。于是,刘备三顾茅庐,请出诸葛亮帮他重振汉室。

刘备在诸葛亮的辅助下,经过几年艰苦的努力,终于建立了蜀汉政权,取得了与东吴、曹魏鼎足而立的地位。事实证明,诸葛亮的确是一位"识时务"的俊杰。

一七、食指大动

"食指大动"用以预示有意外的口福。也可以用"食指大动"来形容觊觎别人的财产。

第十二章　符言

此典出自《左传·宣公四年》："楚人献鼋于郑灵公。公子宋与子家将见。子公之食指动，以示子家，曰：'他日我如此，必尝异味。'"

春秋时，郑国有个公子宋和另一个公子家，这两人都是贵族，在郑灵公朝中做大夫。有一天早晨，两人一起去朝见灵公，公子宋的食指（第二指）忽然自己动了起来，公子家看见了很奇怪，公子宋说："每次我的食指跳动，就会尝到鲜味。前次出使晋国，尝了石花鱼的鲜味；后来出使楚国又尝了天鹅的味道，不知今天有何鲜味可尝？"

两人就要进入朝门，听见内侍传命宰夫（屠夫），原来有个来自楚国的人送给郑灵公一只大鼋（南方海中的龟类动物），灵公命人把它做熟了与大臣们一起品尝。公子宋和公子家听了，不禁相视而笑，在晋见灵公时，两人嘴边仍有微笑。灵公问他们说："你们今天为什么这样高兴？"公子家说："今天我和公子宋入朝时，他的食指忽然动起来，据他说，每次食指大动，必有异味可尝，现在我们见到堂下的大鼋，想到主公今天要请诸大臣尝鼋味，到时我们也有机会尝到，觉得公子宋的食指灵验，不觉就笑起来！"灵公笑了笑说："灵与不灵，主

鬼谷子

权还操在我手上呢!"后来鼋羹自下席端到上席,到公子宋时,正好分完了,灵公大笑说:"你的食指灵验吗?"公子宋走到灵公面前,伸手在灵公鼎内拿了一块鼋肉吃下去了,说:"我已尝到鼋味,谁说不灵?"说完悻悻然地走了。

一八、李士彬中计遭败

宋仁宗时,都监李土彬下辖10万大军。赵元昊起兵反叛后,曾给他写了书信并且赠给他许多锦袍、银带。宋军诸将知道后,都心生疑惑,但副都部署夏元亨却说:"这是赵元昊的离间之计。李土彬同羌人世代有仇,如果李士彬同他们私通,有人赠送他礼物,怎么会让大家知道呢?"因此,夏元亨对李土彬深信下疑,还摆了宴席请他喝酒,同时重重赏赐。李十彬对此干公感动。

赵元昊见离间计失败,便派人游悦李上彬,李上彬毫不犹豫地将来人杀掉了。赵元昊又心生一计,派了一些人诈降丰士彬。李上彬没有认真辩别真伪,便相信了。后来他又将此事报告给延州知州兼鄜延、环庆路边

第十二章 符言

经略安扶使、鄜延马步军都部署范雍,建议把来降之人统统迁到南方去。范雍不以为然地说:"与其证剿而擒获敌人,哪比得上招降他们?"不但不听从李土彬的建议,反而下令重赏山降的人,并将他们交由李土彬管辖。

后来,每天都有许多前来投降的人,李士彬只好将他们安置在各个营寨中,两军每次在边境上相遇,赵元昊便命令部将不战而逃,并已计他们对李士祥说;"我们只要一听到将军的名。连胆都给吓破了。"李士彬听了这些恭维的话,变得越来越骄傲了、而且,他对部下十分严厉,有时候甚至近乎残酷,许多人对他心怀不满。赵元吴抓住这一良机,又暗地里给李士彬的部将送去许多礼物,并以高官厚禄来引诱他们,这些人也都偷偷接受了,而李士彬对这一切竟一无所知。

公元1040年;西夏大军浩浩荡荡地入侵中原,李士彬奉命抵抗。范雍命令李士彬分守36个营寨,以阻击敌人的深入。李土彬之于李怀宝说;"如果分兵抵敌,必然势力单薄,容易被各个击破,应当合兵抗击。"李怀宝的意见是正确的,但李士彬却认为,分兵御敌是上司的命令,不得违抗,拒绝了李怀宝的意见。更糟糕的

是，先前来许降的人及被赵元昊收买的部将都成了西夏军内应。李士彬准备亲自上阵杀敌，结果他的左右却把一匹瘦弱的马牵来给他骑。李士彬跃马挥刀冲入敌阵时，被西夏军生擒。

一九、阅兵退敌

公元1042年。契丹国派兵驻扎在北宋边境，准备伺机南犯。宋朝廷任命王德用为定州路都总管，率军抵御契丹。王德用领命后，火速到任。他每天操练士兵，随时准备迎击来犯之敌。在他的操练下，宋军士兵军容整齐，俨然威武之师。

一天，契丹派探子潜入定州城，试图侦察宋军的情况，被宋军抓获。王德用的部下请求将契丹的探子杀掉，王德用不同意、他告诉部下："契丹国想刺探我们的军情，正好借探子之日向他们报告我军的实情，百战百胜固然好，而不战而屈人之兵才是上上策。"

第二天，王德用故意检阅部队的操练，宋军将士个个精神抖擞，群情激昂。王德用在检阅台上大声命令；"各路军马，备好粮草，随时准备出击！"

第十二章　符言

被释放的契丹探子回去后将目睹的一切禀报给上司，说是宋军威武严整，可能随时会进攻契丹。契丹领兵的将官听后担心不能抵敌，便率军北撤，并派人前往定州同王德用议和。

符言第二

听之术曰:"勿望而许之,勿坚而拒之①。"许之则防守②,拒之则闭塞③。高山仰之可极,深渊度之可测;神明之位术正静,其莫之极欤!右主听④。

用赏贵信,用刑贵正。刑赏信正,必验⑤于耳目之所见闻,其所不见闻者,莫不暗化矣。诚畅于天下神明,而况奸者干君?右主赏⑥。

【注释】

①勿望而拒之:如果听信众人之言,要广泛接受而不加拒绝,这才是为人君的最重要态度。

②许之则防守:假如听信他人之言,众人就会归服保卫君主,也就是能转危为安。

③拒之则闭塞:假如拒绝采纳臣民的进言,那么民心必然离叛,使君主和臣民之间的通路闭塞。

④主听：君主对于听信人民言论之木，必须具广大的胸襟度量。

⑤验：与证据互相对照，以便明了真相。

⑥主赏：君主一定要赏罚必信。

【译文】

培养德的原则是：不要坚决拒绝任何意见，不要随便就接受任何意见。如果答应对方就要信守；轻易拒绝别人意见，就闭塞了自己的视听。仰望高山可以看到山顶，测量深渊可以测到其深浅，只要神明的君主其听之术正直而宁静，便没有谁能够探测出他的底蕴。能做到以上所讲的就算有德了。

对臣民实行奖赏贵在恪守信用，实行刑罚贵在公正合理。赏罚分明，要从耳目所见所闻的事物做起，加以验证，这样即便那些远离自己的人也能在暗中受到影响。人君的诚心如果能畅达于天下，连天上神明都会受感化，又何必惧怕那些奸邪之徒冒犯呢？以上讲的是怎样实行奖赏和刑罚。

【感悟】

赏刑是君主用以治理天下的两大手段，而赏贵在讲信用，言出必赏，刑贵在讲公正适度，有犯必惩。欲治

民必先治官，官正而后民顺，只要这两个方面做得好了，那么天下也就能够太平了。

【故事】

一、居官守法

战国时，秦国国君秦孝公打算任用商鞅进行变法。即将实行的新法将大大提高农民和将士的地位，对秦国在当时称霸于其他诸侯国十分有利。但是，新法又威胁到了贵族和大大小小的封建领主的利益，因此变法之前就遭到了一些权贵们的反对，弄得秦孝公左右为难。有一天，秦孝公让大臣们端庄变法的事。大夫甘龙和杜挚极力反对变法。他们认为，风俗习惯不能改，古代的制度不能变，否则就会使大家不习惯，国家就会灭亡。

面对这些人的反对，商鞅据理力争。他说：甘龙的话，是世俗之言。一般的人安于现状，学者们沉溺于自己的所见所闻。这些人如果让他们当官谨守成法（居官守法）还可以，如果和他们谈论成法以外的事，他们就会一窍不通。古代的制度也许只适合古人的需要，但后来制度都变了，以前的制度也就没有了。成汤和武王改革了古代制度，却复兴了国家。所以，古代应用古人的制度，今人应用今人的制度。要想国家强盛，就得改革制度，实行变法。死守着古代的旧俗不变，就会亡国。

秦孝公非常同意商鞅的意见，便拜他为左庶长，于秦孝公三年（公元前359年）实行了变法。

二、梁孝王放邹阳

邹阳，是齐国人，游历到梁，和吴国人庄忌、淮阴人枚乘等人结为朋友。上书给梁孝王，愿在梁做事。那时，他受梁孝王看重的程度，是介乎梁孝王的两个宠臣羊胜和公孙诡之间。羊胜等人嫉妒邹阳，在梁孝王跟前低毁他。梁孝王听信谗言，一怒之下，把邹阳交付给司法官吏审讯，并准备把他杀死。邹阳游宦于梁，没想到会因小人陷害而被捕，生恐入狱之后含冤而死，不但背负一个不明不白的罪名，还会受到世人的非议。为求平反昭雪，他便从狱中上书给梁孝王说：

"我听说过，忠实的人不会不受到赏识，诚信的不会遭到猜疑。我过去总认为是对的，现在看来这只不过是句空话罢了。从前荆轲仰慕燕丹的高义去刺杀秦王，

感应上天出现白虹贯日,可燕丹还怕不会成功;卫先生为秦国谋划趁长平大捷一举灭赵,感应了上天的金星遮掩昂宿,可秦王还是不肯相应。他们的精诚感动了天地,却不为燕丹、秦王所理解,难道不可悲吗?现在我竭尽忠诚,畅所欲言,希望获得采纳,你身边的人不明白我的心意,终于遭受到司法官吏的审讯,引起人们对我产生误解。这真是使荆轲和卫先生再生,也无法让燕太子丹和秦昭王醒悟啊。希望大王明察我的冤情。

"从前卞和献宝玉,反被楚王剁去双足;李斯竭尽忠心侍奉国君,反被秦二世胡亥处以腰斩之刑。箕子所以要佯装颠狂,接舆所以要隐居避世的原因,为的是怕尽忠侍君,反要遭到杀身之祸的缘故啊!现在我被打入囚牢受审,情况与他们确有相同的地方,希望大王能体察卞和与李斯的良苦用心,而不要象楚王和胡亥一样轻信谗信,千万可别让我被箕子和接舆所笑。我听说比干忠谏纣王,纣王却剖去他的心;伍子胥忠谏吴王夫差,夫差却让他自杀,用鸱鸟形的皮囊装起他的尸体,扔到大江里去。起初我不相信忠谏之士会有这种可怕的报应,但是,等我自己也因忠谏而被捕入狱之后,我才确信世间真有这种可怕的事。希望大王明察我的本心,请

第十二章　符言

大王稍加怜悯，不要置我于死地。

"俗话说：'有的人相处到白头，还犹如初相识；有的人虽是初相识，却如同老朋友。'这是什么原因呢？是相知与不相知啊。所以从前樊於期从秦国逃往燕国，便把脑袋借给荆轲来奉行燕太子丹的使命；王奢离开齐国逃到魏国，以在城上自杀来退去齐军保存魏国。王奢、樊放期不是因为齐、秦两国是自己的初相交而燕、魏二主是老相识啊，他们之所以要离开齐、秦二国而为燕、魏二主效死，是由于行为和志趣合一，对正义无限向往的缘故。所以苏秦虽然对天下不讲信义，对燕国却象尾生信实；白圭当中山将时，战败失掉六座城邑，后来却为魏国攻取了中山。这是什么道理呢？那实在是因为燕、魏的国君，和他们相知极深的缘故。苏秦当燕国的宰相时，有人在燕王面前说苏秦的坏话，燕王非但没有听信谗言，反而按剑怒叱进谗的人，并且还特意宰杀心爱的骏马，赐肉给苏秦吃，以安抚苏秦；白圭由于攻下中山的功劳，地位极为显赫，于是就有人在魏文侯跟前讲他的坏话，可是魏文侯不仅不怀疑他，反而赠给他珍奇的夜光璧，用以巩固他的地位。这是什么道理呢？那是因为他们君臣之间，彼此都能肝胆相照，相互信

鬼谷子

赖，怎么会被流言蜚语所迷惑呢？

"所以女子的容貌，不论是美是丑，只要一入宫门，便会受人妒忌；士人的才德，不论贤能或不肖，只要一上朝堂，就会遭人嫉恨；从前司马喜在宋国受到割去膝盖骨的刑罚，后来却作了中山国的宰相；范雎在魏国被打断了肋骨和牙齿，后来在秦国封为应侯。这两个人，都是坚守一定的信念，不干结党营私的勾当，处于孤独的境地，因而不能免于嫉妒之人的谗害。所以申徒狄投河而死，徐衍抱着石块自沉大海。他们不肯取悦权贵，坚守正义不随便捞取好处，不和人同流合污来迷惑君主。所以百里奚在路上行乞，秦穆公却将国政交付给他；宁戚在车下喂牛，齐桓公竟将国家交给他治理。这两个人，难道是借助朝廷官吏的推荐以及左右近臣的吹嘘，才获得穆公、桓公的信任吗？那实在是因为齐桓、秦穆二公的心，和他们的心灵，彼此有所感通，行为彼此有所相合，因此彼此亲密的程度，有过于胶漆的黏结；感情的深厚，有如兄弟一般地片刻不能分离。这时候，他们彼此的感情，难道是众人的话所能迷惑离间的吗？所以偏听一面之辞，就容易发生奸邪；单独任用一人，便容易闹出乱子。从前鲁定公听了季桓子的话，赶

第十二章 符言

走了孔子；宋王听信子罕的计谋，而囚禁墨翟。凭那孔子的圣德和墨翟的辩才，尚且不能免去他人的毁谤之祸，而信谗的两个国家也因此而危险。这是什么道理呢？因为众口可以铄金，积毁可以销骨啊。因此，秦国重用戎人由余，就称霸中国；齐国重用了越人蒙，齐威王和齐宣王二朝就曾强过于其他诸侯。这两个国家擢用外来人才，哪曾受到世俗偏见的干扰，和偏激言辞的左右呢？由于秦、齐二国的国君，能以公正无私的心去倾听别人的言论；能从多方面去观察人的表现，所以能得到贤士的辅佐，而在世间留下知人善任的美名。因此，国君用人，要看彼此意气是否相通，而不必顾及彼此关系的亲疏。只要意气相投，那么北胡和南越这样疏远的人，也可结为兄弟，象秦穆公和由余，齐威王、齐宣王和越人蒙就是一个例子；要意气不相通，那么即使是骨肉至亲，也会将其驱逐出门而不收容，象帝尧和他的儿子丹朱，帝舜和他的弟弟象，周公和他的兄弟管叔、蔡叔就是一个明证。现在做人国君的，如果能象齐国和秦国的国君那样知人善任，摒弃齐国和鲁国两国国君听信谗言驱逐贤士的错误做法，那么，春秋五霸的助名就没有什么值得称道的，夏、商、周三朝开国君主的功业就

不难建立了。

"所以英明的君主明辨忠奸,能摈弃子之的伪善心肠,能不赏识日常的假贤能;效法周武王那种封忠臣比干之后,修无辜被剖腹的孕妇之墓的义举,那么他的功业必定可成,仁德施于天下。这是为什么呢?因为行善是人的共同喜好,而圣王想行善的心,是永不满足的啊!从前晋文公逃亡的时候,寺人勃鞮对他有过追杀的深仇,但是当晋文公归国后,不但不念及旧仇,反而主动亲近他。结果,不但免遭内乱的灾祸,而且还开拓了称王称霸的局面。还有齐桓公避难在莒城的时候,管仲对他有过暗算的深仇,但是当桓公即位后,不但赦免了他的射钩之罪,并且还用他做宰相。结果,齐桓公也建立了一匡天下的功业。这是什么原因呢?因为贤士的可用与否,不在于有无仇恨,而在于人君的态度如何。那晋文公、齐桓公对往日跟他有仇的贤士,能做到那样地仁慈、殷勤,诚挚的情意,感动人心。因此,贤能之士自然也就心甘情愿地为他们效命了,这难道是一般人君用虚情假意所能换取得到的吗?倘若用士不是这样,而象秦用商鞅推行变法,削弱了东方韩、魏的势力,等军事实力称强于天下之后,就用车裂的酷刑处死商鞅。越

第十二章　符言

王勾践采用大夫文种的计谋，攻灭了强大的吴国，称霸东方，就逼文种自杀。这些人君，当国家危亡的时候，就重用贤士，等国富兵强，就杀死功臣。因此，孙叔敖三次被罢相而不懊丧，陈仲子辞去三公的职位而去替人家种灌园地。现在做人国君的，如能摒除骄傲的心思，常存给人以报效机会的意念，敞开心扉，推心置腹，披肝沥胆，与士人同忧同乐，以礼相待，毫不吝惜地施予，那么，桀养的狗可以使它咬尧，跖的门客可以让他行刺许由。更何况依仗大国的威势，凭借圣王的才能呢？天下的贤士，自然也就更加愿意尽忠效命了。这样一来，荆轲不惜冒诛灭七族的危险而要去刺秦王，要离不惜烧死妻子而为阖庐去杀庆忌的事，也没什么好称道的了。

"我听说过，夜明珠和夜光璧虽是稀世的珍宝，如果在黑暗中投在路上行人的身上，那么过路的人，没有不按剑怒目斜视的，为什么呢？那是因为宝物无缘无故地扔到眼前，总不免要起戒备之心。一株盘根错节的高大枯树，本来是无用之物，却能变成万乘之国国君的珍玩，这是为什么呢？那是因为国君左右的人先为它作了雕饰的缘故。所以，无缘无故突然投到眼前的东西，虽

然投出的是随候的明珠或是夜光宝璧，还是会招怨而不讨好。有人事先在国君面前为它美言一番，就是枯木朽株也能发挥功用而不会被人废弃不理。如今那些穿着粗布、穷居陋巷的士人，身处贫贱的境地，即使身怀尧舜那样的治国之术，具备伊尹、管仲那样的雄辩之才，怀着龙逢、比干那样的忠心，想尽忠报效当世的国君，可是平素没有人在国君面前先为他引荐美言，尽管他竭尽心力，想献出自己的忠诚，辅佐君主治理天下，那么国君必然象对投到眼前的夜明珠按剑相眄的人一样，使布衣贤士怀才不遇，连枯木朽株都不如了。因此，圣明的国君治理国家，用人要有法度，不为卑鄙邪乱的议论所左右，不被杂乱众多的口舌所牵制。所以秦始皇听了中庶子蒙嘉的话，因而相信荆轲的蛊说，以致图穷匕现，险遭不测；周文王在径水渭河一带打猎，用车子载回了姜尚，以后得以君临天下。秦始皇偏听巨子的话，险些遭受杀身之祸；周文王却凭偶然的相遇得到天下。这是为什么呢？因为周文王能超越世俗的言论，接受高明的见解，高瞻远瞩，慧眼识英才啊。可是现在一般做国君的，大多被谄媚奉承的言辞所迷惑，不辨贤与不肖，使贤能之士无从施展才华，犹如骏马与老牛同槽，把贤士

第十二章 符言

同庸臣一样看待。这正是周代鲍焦对世道愤恨不平，对富贵没有半点留恋，宁可抱木而死的原因啊。

"我听说，凡是盛装入朝而重节义的人，决不肯为追名逐利而玷污道义；注重名声的人，决不肯放纵私欲而败坏品行。所以，有个县名叫做'胜母'，注重孝道的曾参就不肯进入；有个城名叫做'朝歌'，注重节俭的墨子就调转车头而去。现在做人国君的，想使天下恢弘旷达的贤士，在他威重的权柄下被慑服，在他尊贵的权势和地位下被制约，想驱使贤人改头换面，污损操行，去奉承那些阿谀逢迎的小人，以求亲近于大王的左右，那么贤士只好老死深山洞穴之中了，哪里还会有为大王奔走效命、竭尽忠诚的人呢？！"

此书上奏之后，梁孝王读后很感动，马上派人释放了邹阳，并尊奉他为上宾。

三、费无忌身名俱灭

费无忌巧施妙手，为楚平王纳来一位貌若天仙的妃子，自然哄得国君高兴得不得了，从此深得楚平王的宠幸。费无忌此时虽然春风得意，但内心里却一直惴惴不

鬼谷子

安,因为他清楚这件事对太子建来说无疑是重大的屈辱,太子建无力跟父王讨得公平,将来即位后肯定会车裂他费无忌以泄心中怒气。一想到这里费无忌就夜不能寐,好容易睡了也是恶梦不断,常常惊得一身冷汗。为了能够高枕无忧,费无忌决定设计谋害太子,以清除心头的这处大患。

首先,费无忌要想办法让太子远离王宫,无图个眼不见心不烦的清静。于是他就对楚平王说:"晋国之所以能够称霸,是因为他们靠近中原;我们楚国处于偏僻的南方,很难和晋国抗衡。我发现城父是通过中原的大门,如果在此地扩建城墙,扩充军备,再派强干的太子建前去驻守,这样太子和君王一南一北控制国土,就便于向中原扩展,进而称霸天下。"楚平王听了费无忌的一番高论,认为很有道理,就命太子建驻守城父,派伍奢跟着他。

费无忌把太子支到了远离国都的边疆,初步达到了自己的目的。但是太子建一天不死,他的忧虑就一天不能消除,因此又日夜在平王面前毁谤太子建,说:"自从我把秦国女子送进您的后宫,太子就非常怨恨我,对您也有埋怨,您可要多少有些戒备啊!"费无忌不时地

第十二章　符言

这样吹风,搞得楚平王也六神无主起来。费无忌抓紧时机,诬告太子建在城父独揽兵权,渐生叛逆之心,准备勾结齐晋两国将方城山以外的地方控制起来,自立为王,背叛楚国。楚平王对太子建有了戒备,就听信了费无忌的谗言,召回伍奢查究这件事。伍奢知道是费无忌谗害太子,就对楚平王说:"大王怎么能听信小臣的话呢?先前大王听信谗言收纳了太子建的未婚妻,这已经够严重的了,现在怎么能再听信谗言以致葬送了父子之情呢?"伍奢的这一席话可谓字字中的,切中要害,说得楚平王也有些狐疑。费无忌赶忙劝谏,说:"伍奢乃太子叛乱的死党,大王怎能听他胡言乱语?"现在大王不铲除太子,等到他叛乱之时就后悔都来不及了!"费无忌的劝谏终于使楚平王下了决心,把伍奢拘禁起来,又派人去暗杀太子建。

由于朝中正直之士的事先通知,太子建带着儿子公子胜连夜逃往宋国,后又来到晋国,与伍奢的儿子伍子胥一起共谋复仇大计。自此连绵的战争就揭开了序幕,给各国人民带来了深重的灾难。

费无忌谗害太子,迫使他出逃,虽然得到楚平王的支持,但国人对他的真面目却看得很清楚;再加上由于

要找费无忌报仇,太子建多次帮助吴国打败楚国,弄得国无宁日,因此楚国人十分恨他。公元前515年,令尹子常为了取悦国人,就杀了费无忌。费无忌用尽心思,最终没能安享荣华,反而落了个身与名俱灭的悲惨下场。

四、百姓上书萧何

皇上灭了英布带领军队回来,老百姓在路上拦住皇上御驾,递上书信说相国强行以低价购买百姓田地房宅涉及到几千个人。

皇上到了朝中,萧何拜见。皇上笑着说:"现在相国对百姓有好处呀?"老百姓所递上来的状书都给了萧何,说:"你自己去向老百姓认错吧!"后来萧何为老百姓请求皇上说:"长安地方很窄狭,上林园中有很多空地,都白白浪费了,希望能够让老百姓进去种庄稼,不要征收禾秆的税,使百姓能够有吃的。"皇上很恼火地说:"相国接受了富商很多财物,为他们来请求我的皇家园林。"于是就把萧何交到廷尉那里,加脚镣手铐等刑具拘禁起来。过了几天,姓王的卫尉服侍皇上身边,他上前问皇上说:"相国有什么大的罪过,陛下您把他

第十二章　符言

打击得那么厉害?"皇上说:"我听说李斯在秦朝皇帝做丞相时,有什么好的举动、名声都归皇上,有什么坏名声都揽到自己头上。现在相国接受了不少富商的贿金,请求把我的园林让出来,以此来自己讨好于老百姓,所以我把他拘捕起来治治他。"姓王的卫尉说:"职责之内的事是只要对老百姓有好处就向皇上请求,这是真正的宰相份内的事。陛下为什么就怀疑相国接受商贾们的钱了呢?而且陛下您和楚国打了几年的仗,陈豨、黥布反叛时,陛下您亲自带兵前往,在那个时候相国留守关中,关中动摇起来那关酉(函谷关以西的地方)就不属于陛下您所有了。相国不在这个时候捞取这种利益,而要去接受商贾们的钱财吗?而且秦朝皇帝因为听不到自己的过失而失去天下,李斯的分担过错,又有什么值得效法的呢?陛下您为什么要怀疑相国是这样浅薄的人呢?"皇上很不高兴。

　　这一天,派使臣拿着符节赦免萧何并将他释放出来。萧何年纪已经大了,平常为人作事谦恭谨慎,只身一人光着脚进宫来拜谢皇上赦免之恩。皇上说:"相国你不要这样。相国为老百姓请求我的园林,我没有允许,我不过是象夏桀王、殷纣王那样的皇上,而相国却

 鬼谷子

是贤德的相国。我故意把相国拘捕起来,是想让老百姓知道我的过错呀!"

五、尹囊瓦贪污

吴王阖闾吞并了徐国和钟吾之后,蔡国和唐国派使臣到吴国来。伍子胥对阖闾说:"蔡国和唐国一向归顺楚国。现在这两国一同派使臣到这儿来,我判断一定是跟楚国有了摩擦。假如我们能够拉拢这两国,进攻楚国就方便得多了。"阖闾和孙武都急欲听一听这两个使者说的话。

蔡、唐两国的使臣一见阖闾就央告说:"楚国令尹囊瓦贪污勒索,欺压蜀国,这下又发兵来攻打蜀国,请求大王主持正义,立即发兵去救。从今往后,我们愿意永远归附贵国,年年纳款,岁岁朝贡。"吴王阖闾一时丈二金刚摸不着头脑,就问两位使臣到底是怎么一回事。他们就将经过情形详细地述说了一遍。

原来楚国令尹囊瓦喜欢占小便宜,总是向一些属国索要东西。大家都有点嫌恶他。有一次,蔡昭侯和唐成公朝见楚昭王,囊瓦收了他们按照惯例送给他的礼物

第十二章 符言

后,又向他们要其他的东西。蔡昭侯有两件极其贵重的银鼠皮袄,一件送给了楚王,一件留着自己穿。唐成公有两匹千里马,一匹送给了楚王,一匹留着自己用。囊瓦见了这两件宝贝,一直想据为己有,就派人去向这两位国君索要。蔡昭侯和唐成公很不高兴,坚持不愿送给他。囊瓦就在楚昭王跟前使花招,说:"听说蔡国和唐国私通吴国,打算来进犯咱们。咱们索性把蔡侯和唐侯扣留在这儿,也许能揭穿他们的阴谋。"当时楚昭王还很年幼,无论大小事全由囊瓦做主。如此一来,两位国君都被软禁在楚国。一禁就是三年。

唐成公的儿子见他父亲这么长时间都没有加国,就派人去打听。那个人把囊瓦扣留唐成公的事打听清楚以后,劝唐成公把那匹千里马送给囊瓦。囊瓦得到了千里马,对楚昭王说:"唐是个小国,实力不强。唐侯已经在这儿押了三年,他哪儿还有胆量再得罪咱们呢?让他回去吧!"于是楚昭王就把唐成公放了。

蔡昭侯见唐成公送了千里马就获释回国了,他也把那件银鼠皮袄送给囊瓦。囊瓦就对楚昭王说:"蔡国跟唐国一样,既然释放了唐侯,也不能只扣留蔡侯,也把他放了吧!"于是,蔡昭侯也回国了。

鬼谷子

蔡昭侯出了郢都,义愤填膺地发誓说:"我不报仇,绝不再踏上楚国的土地!"他回到国内,立刻去向晋国借兵。晋定公把这件事禀报了周朝的天子。周敬王派卿士刘卷去跟晋定公联系。晋定公会合了宋、蔡、齐、鲁、卫、陈、郑、许、曹、莒、邾、顿、胡、滕、薛、杞、小邾等一共十八路诸侯,代替天子去征伐楚国。各国的诸侯都对囊瓦恨之入骨,也都想借这个机会重振中原的威风。没想到自称为中原霸主的晋国,那时候竟也充斥着贪官污吏。晋国的大将荀寅也是个贪小便宜的人。他认为这次会合诸侯去打楚国是为了帮助蔡国,这功劳可非同小可,就派人先向蔡昭侯索要谢礼,说:"听说蔡侯把名贵的银鼠皮袄送给了楚国的君臣,为什么就不送给我们?我们千里迢迢发兵来打楚国,不知道蔡侯用什么来犒劳军队?"蔡昭候回答说:"就因为楚国令尹贪污勒索,欺压属国,我才来归附贵国。如果将军主持正义,宣扬霸主的威信,帮助弱小的诸侯灭了楚国,那么整个楚国就是谢礼。"荀寅听了这席话,满脸涨得通红。

这时候(周敬王十四年,公元前506年),十八路诸侯的兵马都驻扎在召陵(在河南省郾县东),由于一连下了十几天倾盆大雨，一时不能进兵。恰巧天子的使者刘卷卧病在床。范鞅和荀寅本来就跟囊瓦一样，都是地地道道的贪夫，这次没从蔡侯那儿得到好处，已经有点快快不乐。他们就借着这个理由向各国诸侯说："大雨下个不停，害病的人越来越多，还不如暂时回去吧！"各国诸侯看晋国不愿做主，顿时心灰意冷，都各自回国了。

蔡昭侯大失所望，垂头丧气地带着自己的兵马回去，路过沈国时，想起了沈国不愿发兵，也不去开会，于是就把满腹的怨气全发泄在沈国身上，发兵灭了沈国。

楚国的令尹囊瓦听说蔡国把沈国灭了，就亲自带着大军去攻打蔡国。有人对蔡昭侯说："晋国已经靠不住了，中原其他的诸侯更不必说了。咱们索性到吴国求救去。伍子胥很早就想向楚国报仇，他们一定会尽力帮助我们的。"蔡侯就打发使臣去邀请唐成公一起到吴国去求救兵。

六、刘禅断送江山

"亲贤臣，远小人，此先汉所以兴隆也；亲小人，远贤臣，此后汉所以倾颓也。先帝在时，每与臣论此事，未尝不叹息痛恨于桓、灵也！"这是孔明《前出师表》总结前后汉兴亡的原因，用以告诫刘禅，确是语重心长，言真情切。而刘禅并没有如孔明所希望的，亲贤臣，远小人，以兴汉室；而是亲小人，远贤臣，重踏桓、灵覆辙，断送了蜀国江山。

　　刘禅是少有的昏君，是个不朽的"阿斗"。平心而论，刘禅老实得可怜，昏庸得出奇，陈寿给他形象的评价是："后主任贤相则为循理之君，惑阉竖则为昏暗之后，传曰'素丝无常，唯所染之'，信矣哉！"孔明执政时，他遵其父刘备所嘱："事丞相如父"，且实权在孔明，他不听也得听。孔明操劳国家大事，整天忙得汗流浃背，食不甘味，睡不安席；刘禅却可不费脑筋，饱食终日，乐其所乐。当然，他不是整天在昏睡，遇到国家有事，他有时也有所用心。如刘备逝世后，曹魏乘机兴师五路侵蜀，因这时孔明闭门不出，他不知如何是好，急得团团转，后来他到相府探望孔明，孔明告诉他退兵之策，他才如梦初醒。他对孔明也不尽放心，当孔明与司马懿斗兵斗阵连续大胜，正欲乘胜直取长安的时候，他中了司马懿的反间计，听信流言——孔明自倚大功，早晚必将篡国，宦官为之画策，他便遣使赍诏星夜宣孔

第十二章 符言

明回。孔明奉旨回成都问他何故诏还？他无言可对，良久，乃说：

"朕久不见丞相之面，心甚思慕，故特诏回，一无他事。"真是憨人憨话，憨气十足。不过，总的说，孔明在世时，还是贤臣当道、小人远避，刘禅基本上是听孔明的话的，宦官也不敢出面干政。孔明病逝五丈原后，情况逐渐发生变化，特别是蒋琬、费祎等贤相相继去世后，他被宦官黄皓等小人所左右，溺干酒色，不理朝政，政事、军事弄得一塌糊涂。

深得孔明兵法的姜维是蜀国后期的"擎天柱"，是个赤胆忠心的人，他秉承孔明遗志，九伐中原，虽天大胜，但也挫伤敌胆，使之不敢正窥西蜀。

当姜维正在前线浴血奋战，困魏国名将邓艾于祁山时，忽连接后主的三道诏书，促其班师。原来是后主听黄皓谗言："姜维屡战无功，可命阎宇代之。"

阎宇何人？他身无寸功，只因阿附黄皓，遂得重爵，官至右将军。黄皓本想用阎宇代姜维，后知邓艾善用兵，恐阎宇非其敌手，又寝其事。任用大将，如此儿戏，是撤是用，全凭一宦官作主，确是超级庸主。姜维回，得悉此事，入奏后主说："黄皓奸巧专权，乃灵帝

鬼谷子

时十常侍也。陛下近则鉴于张让,远则鉴于赵高。早杀此人,朝廷自然清平,中原方可恢复。"后主笑说:"黄皓乃趋走小臣,纵使专权,亦无能为。"姜维因不能杀黄皓担心被其所害,乃听从郤正之言,领军前往沓中屯田,以充军实,徐图进攻。自古以来,庸主当政,小人弄权,大将在外难于立功。昔"乐毅伐齐遭间阻,岳飞破敌被诏回。"姜维岂能例外!

刘禅昏庸透顶,黄皓专权胡为,西蜀之亡是必然之事。钟会、邓艾大举兴兵入侵西蜀,姜维即起沓中之兵前往拒敌,并上表请派精兵分守战略重地阳安关和阴平桥,并指出"若失二处,汉中不保矣。"在这危急关头,刘禅竟听黄皓之言,召师婆入内殿问吉凶,她以"西川土神"附身,胡说什么"陛下欣乐太平,何为求问他事?数年之后,魏国疆土亦归陛下矣。陛下切勿忧虑。"自此,刘禅深信师婆之说,遂不听姜维之育,每日只在宫中饮宴欢乐。姜维累申告急表文,皆被黄皓隐匿。因此,使钟会轻取阳安,邓艾偷渡阴平,姜维虽仍和诸将死守剑阁,使钟会受挫,不能前进,可是邓艾已直趋成都,刘禅已面缚舆梓出阵,姜维纵有"回天力"也无济于事了。

第十二章　符言

七、狄仁杰以死谏帝

狄仁杰，唐高宗仪凤年间任大理丞，一周年断决了滞留的案件一万七千件，没有人诉冤。当时武卫大将军权善才因误砍昭陵的柏树而犯罪，狄仁杰上奏其罪应当免职。高宗命令当即杀了他，狄仁杰又奏罪不当死。高宗严肃地说："权善才砍了先帝陵墓上的树，是使我不孝，必须杀了他。"左右示意狄仁杰让他出去，狄仁杰说："臣听说触犯君主、违背君主的旨意，自古都认为很难，而我则认为不然。处在桀、纣之时则难，处在尧。舜之时则易。臣现在幸逢尧、舜之世，不担心会象比干一样遭到诛戮。过去汉文帝时，有人偷了高祖庙里的玉环，张释之当延力争，罪免于弃市。魏文帝想要流放一个人，辛毗以死谏净，也被采纳。况且贤明的君主可以用理说服，忠臣则不能靠威严吓住。今天陛下不听取我的话，待我瞑目之后，就羞于在地下见到张释之、辛毗他们了。陛下制定法令，悬挂在宫门外的象魏（悬挂法令之所）。徒、流、死罪都各有等差。怎么能没有犯该处极刑之罪而就让他去死呢？法令既然没有常规，

那老百姓该怎么去处理各种事情呢！陛下如果一定想改变法令，那就请从今天开始吧。

古人说：'假如偷了长陵（汉高祖之陵）一把土，陛下该如何加重处置呢？'现在陛下因为昭陵的一株柏树而杀掉了一个将军，千载之后，人们会认为陛下是什么样的君主？这就是我为什么不敢遵命杀权善才，而使陛下陷入这种不道义的境地。"高祖稍微醒悟过来，权善才也因而免于一死。

八、开明的唐太宗

唐太宗（599～649），即李世民，陕西武功人，李渊次子。隋末劝其父起兵反隋，李渊称帝时封为秦王，任尚书令。武德九年（公元626年）发动玄武门之变，得为太子，承继帝位。

一天散朝后，唐太宗李世民和宰相房玄龄在闲谈。他们正说着别的什么事，唐太宗忽然问道："自古以来，国史为什么都不让本朝的君主看呢？"房玄龄回答说："因为一个正直尽责的史官中记着自己的过失。本朝的君主如果看到国史中记着自己的过失，很容易恼羞成

第十二章 符言

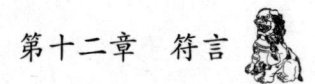

怒，惩办史官，国史就很难撰写了。

唐太宗不以为然地说："有什么写什么，这又没有做错，怎么会得罪君主呢？你去把国史拿来给我看看，朕正想知道自己以前都有那些错误，好拿来作为鉴戒呢。"

房玄龄这下可犯愁了。国史是由他负责监督撰写的，他清清楚楚地知道里面记载着玄武门之变。当时，李世民为了争夺皇位，杀死了兄弟李建成和李元吉。如果让唐太宗看到这一段记录，他能不生气吗？

因此，房玄龄心里非常不安。但是皇上已经下令了，又不能抗旨不遵。没有办法，房玄龄只好硬着头皮、提心吊胆地把国史拿给唐太宗看。

唐太宗把国史仔仔细细地看了一遍后，对房玄龄说："其他都还好，只有玄武门之变这件事没有写清楚……"

房玄龄一听，暗暗着急，心想这相真的糟了，看来皇上果然对此不满意。他正琢磨着该怎么回答，忽然听唐太宗又吩咐道："来人，去把史官叫来！"

房玄龄越发着急了，他正想为史官辩解，唐太宗已接着原先的话题说了下去："撰写国史是为了记录历史，经后人借监，所以一丝一毫也含糊不得，不能因为怕得罪皇上就对真相有所隐瞒。朕要把当时的情形详细地给

鬼谷子

他们讲一讲,好让他们把遗漏的地方补上。"

房玄龄没有想到唐太宗会说出这样一番话来,真是又惊又喜。他由衷地说道:"陛下真是心胸宽广,臣深感佩服!"

唐太宗认真地说:"诛杀李建成和李元吉,也是迫不得已,这是关系国家安定的大事,没有必要隐瞒。写历史就要告诉后人真实的情况,这样才能够使人们从中吸取教训。朕是一国之君,更要做出表率。朕有责任将历史的真相告知后人。"

唐太宗的诚实赢得了满朝文武的尊敬。以后再有什么事,大臣们都敢于直言,朝廷上下逐渐形成了一种良好风气,从而才有了历史上的"贞观之治"。

九、岳飞计除刘豫

公元1125年,女真族灭掉辽国,建立了金朝,接着便挥师南侵,占领了宋朝的大片河山。为了便于对中原的统治,金朝扶植了几个傀儡政权。在金朝的支持下,刘豫建立了伪齐政权。

岳飞一直想伺机除掉刘豫,以打击卖国势力。有消息

第十二章　符言

说金兀术对刘豫颇为不满，正巧岳飞的手下捉到一名金兀术派来刺探宋军情况的探子，岳飞想出一条除贼妙计来，他让部下将那名探子押进大帐来，探子一进来一岳飞就假装认错了人，大声喝道；"赶快给他松绑，他正是我派去侦察金军情况的探子。"那探子一听，倒给弄了个丈二和尚摸不着头脑，他还没回过神来，又听岳飞说"张斌，我让你判大齐去找刘豫，共商对付金兀术的办法，你却好长时间没一点音讯。我后来另派人去同刘豫联系，他已经同我约定今年冬天以联合进攻上江为借口，将金兀术诱到清河一带，然后予以围歼。你身负重任却迟迟不。"见刘豫差点儿殆误了战机。坏了大事，你知罪吗？"

探子听岳飞这么一说，也顾不得申辩自己不是什么"张斌"了，只能一个劲地叩头认罪，并请求岳飞给他一个立功赎罪的机会、岳飞见状，心中暗喜，不露声色地说："这次暂且饶你不死，给你一个带罪功的机会。你拿着我的亲笔信再去见刘豫，问明发兵的具体时间，不得有误。"

探子接了信，慌忙离开宋军营，直奔金兀术处，把事情经过一五一十地报告给金兀术。金兀木大惊，忙派兵废除了刘豫。

 鬼谷子

一〇、示敌以饥

南宋时,岳飞奉宋高宗之命,招安盘踞在岭表一带的曹成。岳飞派了一名招安使者前去劝说曹成,曹成却拒不归顺、岳飞得知这一情况,便决定率军讨伐。

岳飞率军开进岭表地区,发现这里地势险要,易守难攻,正无良策可施,部下抓到了一名曹成派来的探子,岳飞突然计上心来,决定智取营成。

他让部下将探子绑在自己的大帐前,而后走出帐外讯问。这时一名士兵走来向地报告说"粮草已经用光了,怎么办?"岳飞故意当着探子的的面大声说:"既然粮草已经用光,我们撤回茶陵吧。"并装出很焦急而又无可奈何的样子,一跺脚走进了大帐,吩咐手下设法让探子逃掉。那探子趁四下无人看守,挣脱绳索拔腿中逃。

岳飞料想探于逃回曹成营寨后,必然会将宋军粮草用尽准备撤军的消息告诉曹成,而曹成也一定会率军追击,便下令立即开晚饭。宋军将士饱食一顿后,连夜急行军,绕过山岭。天亮时,大军已神不知鬼不觉地逼近了曹成的营寨。曹成万万没料到岳家军会如神兵天降般

第十二章　符言

突然出现，顿时慌了神，他的人马也乱作一团。岳仁指挥宋军掩杀过去，将曹军打得一败涂地。曹成见无路可逃，只好束手就擒。

一一、调虎离山

"调虎离山"比喻用计谋使对方离开原来的有利地位。

此典出自《西游记》第五十三回："才然来，我是个调虎离山之计，哄你出来争战，却着我师弟取水去了。"

唐僧师徒去西天取经，途中看到一条小河，清水澄澄，寒波湛湛。唐僧看河水挺清的，一时口渴，便叫八戒舀些水来喝。八戒取出钵盂，舀了一钵，唐僧喝了一小半，剩下的一大半被八戒一气喝个精光。一会儿，唐僧、八戒都叫："腹痛！"又过一会儿，八戒、唐僧呻吟不已，大叫"痛得很！"又过了一会儿，疼痛难忍，肚子渐渐大了起来。又过了一会儿，肚内似有一血团肉块，不住地乱动。见到这种情况，孙悟空搀着唐僧，沙僧扶着八戒到一草舍寻医治病。悟空将事情的经过讲给一位婆婆听，那婆婆听了哈哈大笑道："刚才你师父喝

的是子母河的水，喝了那水便成胎气，过几天要生孩子的。"唐僧听了，大惊失色道："徒弟呀！这怎么办啊！"八戒扭腰撒胯地哼道："爷爷呀！我怎么生得出来啊！"婆婆见状，便对他们说："离这里三十里外的地方有一座解阳山，山中有个破儿洞，洞中有个'落胎泉'，必须喝一口那泉水，才能消除胎气。但如今这泉被如意真仙护住，不送厚礼，你休想得他一滴水。"孙悟空听了，高兴地说："师父，你放心，待老孙去取水来。"

悟空来到破儿洞取水，那如意真仙非但不给，反而又骂又打。悟空与那仙打了十几个回合，那仙战败，拖着武器如意钩往山里跑了。悟空急忙去取水，吊桶刚放下，那仙跑来用如意钩把悟空钩倒在地，吊桶也落入井里。悟空无奈，只得回去叫沙僧来帮忙。

悟空、沙僧一同来取水，悟空对沙僧说："你先藏起来，等我与那仙交战正浓时，你乘机取水。"沙僧按计行事。沙僧取到水后，喊道："大哥，我已取到水了。"悟空得知，对那仙道："刚才，我使了调虎离山之计，哄你出来争战，却叫我师弟取水去了。……以后再有人来取水，千万不要勒索他了。"孙悟空、沙僧取回水给唐僧、八戒喝下去后，胎气便解了。

第十二章 符言

一一、七擒七纵

"七擒七纵"比喻运用策略,有效地控制对方,使对方心服口服。

此典出自《三国志·蜀志·诸葛亮传》:"七纵七禽,而亮犹遣获,获止不去,曰:'公天威也,南人不复反矣。'"

蜀主刘备病危,从成都把诸葛亮召到永安,在病榻前对他说:"你的才学,比曹丕高十倍,必能安邦定国,成就大事。我的儿子,你觉得能辅佐就辅佐,如果不能,爽性你自己做西蜀之主吧。"诸葛亮流着眼泪说:"臣敢不效忠贞之节,愿竭尽股肱之力,死而后已。"后来,诸葛亮果真竭尽全力地辅保后主刘禅。

刘备死后,夷王高定元等人起兵,反抗蜀汉政权。这对诸葛亮来说,是一个很大的威胁。因为主少国疑,西南地区的夷帅叛变,可以影响到其他地方,只是用军事力量去镇压是不能彻底解决的。所以诸葛亮采取了对外联吴防魏,对内提倡生产的政策,等到诸葛亮把一切都安排妥当后,才发兵攻伐南夷。

鬼谷子

诸葛亮采用了分化的战略,使敌人先起内讧。高定元的部将杀了雍闿,然后高定元也被攻破。这时代替雍闿而起的夷帅是孟获。

孟获的军队驻扎在泸水(即金沙江)之南。时值五月,泸水险恶而不易渡。诸葛亮找了当地土人做向导,渡过泸水,生擒了孟获。见他不服,又把他放走。

诸葛亮知道,西南地区地远山险,民心不服已久。杀了孟获,并不能解决问题,只会引起南人的憎恨。大军一走,还会再起叛乱。只有使他们的首领心悦诚服,才是平服南夷的好办法。这样,在双方交战的过程中,诸葛亮活捉了孟获七次,又放了他七次,终于使这位强悍、勇猛的首领心服口服,一再表示从此以后南人绝不再与蜀汉为敌了。

一二、矢人自得

"矢人自得"这个典故告诉人们,奉迎捧场的话好听,但于事毫无补益,反而有害!

此典出自《龙门子凝道记·君子微》。

有个造箭多年的匠人,所用的干纹理不直,镶的翎

羽轻重不一，所造出的箭头一点也不锋利。但他却自以为得到名家真传，工艺精良，常常沾沾自喜，自我夸耀。旁边有个人也奉承说："你的手艺实在很好，即使秦汉时造箭的名匠也没有胜过你的，不但没有胜过您的，而且还比您差远了。您应该把自己的箭抬高价格出售。"这个造箭的人越发得意忘形。

恰好宋将军路过，拿过他的箭看了看，唾弃而去。造箭的匠人仍没有醒悟，还以为人家妒忌他！他怒气冲冲地说："有人曾经称赞我的箭可与秦汉时的好箭比美，这话一点也不假。现在这位将军竟然这样对待我的箭，他是妒忌我。将军是个刻薄的人啊！"

有人把这一情况告诉了龙门子，龙门子说："造箭的人不值得责备，那些儒生也是这样啊。"

一三、仕数不遇

"仕数不遇"说明遇不遇与贤不贤，是两码事。只要才高行洁，不要管他什么逢遇与否。

此典出自典出《论衡·逢遇篇》："昔周人有仕数不遇，年老白首，泣滋于涂者。"

从前,周朝有一个人几次想当官都没有找到机会,后来年纪大了头发也白了,走在路上痛哭流涕。

有人问他说:"你为什么这么伤心啊?"

这个人回答说:"我几次想当官都没有得到机会,自己哀伤年岁大了青春已逝了,所以才在这里哭啊。"

有人又问他:"做官为什么碰不到一次机会呢?"

这个人回答说:"我年轻的时候学习礼乐制度。等到礼乐教化获得成就,快要担任官职了,可是君王却喜欢任用老成人。喜欢任用老成人的君王死去了,后主又偏爱武勇兵法,我便改习武勇兵法。等到武术兵法学好了,偏爱兵法武勇的君主又死去了。少主刚刚登基,又喜好任用少年,可我年岁却老了。因此我一生没有遇到一次当官的机会。"

由此可知,担任官职是要碰机会的,不是可以强求的呀。

一四、方腊"神兵"取杭州

宋徽宗宣和二年十二月,方腊率领主力部队同义军先遣部队在杭州附近会师,准备攻占杭州城。

经过一番精心设计,方腊确定了主样的攻城方案:

一部分义军作疑兵，从钱塘江顺水而下，以便引起来军的注意，使得官兵把主力布置在沿江两岸；另一部分义军由山路乘虚而入。

在一个漆黑的晚上，伸手不见五指，抬头不见月牙儿，随着一声炮响，总攻开始了。杭州城外的馒头山上，突然亮起了密密麻麻的火点，山头被照得通红。义军士兵每人手持一面小铜镜，铜镜在火把的映照下，一闪一闪地反射出无数亮光来。

城中的宋军官兵见此情形，惊得不知所措，以为是天兵突降。有的官兵大叫"神兵来了！神兵来了！"，唬得其余官兵心惊肉跳，没命地四下逃窜。方腊见状，指挥大军向城内掩杀过去，轻易地拿下了杭州城。

一五、上楼去梯

"上楼去梯"指极端秘密的策划；也用来指诱人上前而断其退路。

此典出自《三国志·蜀志·诸葛亮传》中："共上高楼，饮宴之间，令人去梯。"

东汉末，山阳高平（今山东邹县）皇族刘表，字景

鬼谷子

升。初平元年（公元 190 年），刘表任荆州刺史，得到豪族蒯良、蒯越等人的帮助，据有今湖南、湖北地方，后为荆州牧。官渡之战后，本来依附袁绍的刘备在曹操逼迫下，投靠了刘表。

当时，刘表非常宠爱蔡夫人生的小儿子刘琮，而不大喜欢大儿子刘琦，刘琦非常苦恼。刘备和诸葛亮来到荆州后，刘琦曾多次找到诸葛亮，请他为自己想个保护自己的计策。诸葛亮怕招惹是非，没有答应。有一天，刘琦约诸葛亮到后花园游玩，一同登上高楼饮酒。欢宴之际，刘琦令人把楼梯拿走（古时楼房，楼梯为木制，可以搬动），对诸葛亮说：现在上不着天，下不着地，你说我听，没有外人，请先生赐教。诸葛亮觉得刘琦的处境的确危险，便示意刘琦说："春秋时，晋国公子申生在国内遇害，公子重耳弃国出走而保全。"刘琦听了，顿时醒悟。正好当时江夏太守黄祖死了，刘琦便乘机请求出任江夏太守。

一六、深谋远虑

"深谋远虑"比喻计划周到，考虑得很深远。

此典出自汉代贾谊《过秦论》："深谋远虑，行军

第十二章 符言

用兵之道，非及向时之士也。（向时：以往，过去。）"

西汉时，杰出的政治家和文学家贾谊，洛阳（今河南洛阳东）人，时称贾生。贾谊才华出众。他的文章雄辩有力，著《新书》十卷，其中有一篇论秦王朝过失的论文《过秦论》曾被鲁迅先生称为"西汉鸿文，沾溉后人，其泽甚远。"（鲁迅：《汉文学史纲要》）

在《过秦论》这篇文章中，贾谊首先叙述了秦国的地势险固和秦孝公任用商鞅变法所收到的效果，从而使秦国越来越强大，最后终于统一中国的必然性。接着又叙述了由于暴政导致了农民大起义，使秦王朝遭到灭亡。在叙述历史事实的基础上，贾谊总结了秦灭亡的原因。他说：

秦朝的天下并不弱小；雍州的土地，崤、函的险固，一如从前。陈涉的地位，并不比齐、楚、燕、赵、韩、魏、宋、卫、中山等国的国君尊贵；锄耙矛柄并不比钩戟长矛锋利；被征发戍边的人们，并不比九国的军队强大；论深谋远虑，行军用兵的本领，也比不上先前那些人。但是成败不同，功业相反。这是为什么呢？……就因为秦国不施仁政，攻取和固守的形势不一样啊。"

鬼谷子

一七、神机妙算

"神机妙算"形容智谋无穷,不可测度。

此典出自《三国演义》第四十六回:"瑜大惊,慨然叹曰:'孔明神机妙算,吾不如也。'"

公元208年,曹操统率二十万大军南下,想要消灭孙权和刘备,统一全国。刘备派诸葛亮去联合孙权,共同对付曹操。

东吴大都督周瑜,心胸狭小,嫉恨诸葛亮的才能,想借机把他杀掉。诸葛亮完全明白周瑜的心思。为了顾全大局,他机警地与周瑜共同做事情。一次,周瑜要求诸葛亮在三天之内造出十万支箭,并让他立下军令状,三日内交不出十万支箭,就被杀头。周瑜心中暗喜,以为诸葛亮不能完成。周瑜又暗中吩咐军匠,拖延时间。然而,诸葛亮胸有成竹。诸葛亮暗地里向鲁肃要二十只快船,每只船上配置三十名士兵,船上都用青布做帐幕,每只船上扎了一千多个草人。第三天五更时分趁黎明前的大雾,诸葛亮下令,将草船驶近曹操水寨。诸葛亮和鲁肃一面在船中饮酒,一面命令士兵在船上擂鼓呐

第十二章 符言

喊,装作要进攻曹军的样子。曹操听到鼓声、呐喊声大作,以为敌军趁大雾偷袭水寨,慌忙命令曹军不要出击,奋力用箭射向对方。霎时,曹操水陆两军一万多弓箭手,一齐朝江中射箭,等到太阳初升、雾散之后,诸葛亮下令各船迅速开回。二十只船的草人上已经挂满了箭支,远远超过十万支。诸葛亮又让船上士兵齐声高喊:"谢丞相赠箭!"这时曹操才明白了事情的真相,但是诸葛亮的草船已经走了二十多里,无法追赶。曹操非常懊悔。后来,鲁肃把诸葛亮草船借箭的经过告诉周瑜,周瑜惊讶不已,长叹一声说道:"诸葛亮妙算如神,我不如他呀!"

一八、民生凋敝

"民生凋敝"形容社会经济衰败,百姓生活极端困苦。

此典出自《汉书·循吏传》:"孝武之世,外攘四夷,内改法度,民用凋敝,奸宄不禁。"

西汉武帝刘彻在位四十七年,是西汉皇帝中的一位佼佼者。他在位期间,征收商人资产税,打击富商大

鬼谷子

贾,同时兴修水利,移民西北屯田,促进农业的发展。他曾派张骞两次出使西域,加强了对西域的统治,并发展了经济文化交流。

但是,汉武帝崇尚武力,因此他在位期间,不断发起战争。虽然这些战争打击了匈奴贵族,保障了北方经济文化的发展,但频繁的战争也消耗了大量的人力财力,使人民遭到了严重的灾难。

《汉书》作者班固在编写《循吏传》时指出:"汉武帝在位期间,接二连三地对外用兵,内政也必须适应战争需要,军费开支巨大,广大农民负担沉重,以致民生凋敝,犯罪行为增多。"

一九、三十六计,走为上计

"三十六计,走为上计"意思是指在战争中,敌我力量相差悬殊,自己处于劣势,只有撤走才是最好的办法。

此典出自《资治通鉴·齐纪七》:"是时上疾已笃,敬则仓猝东起,朝廷震惧。太子宝卷使人上屋,望见征虏亭失火,谓敬则至,急装欲起。敬则闻之,喜曰:

第十二章　符言

"檀公三十六策，走为上策，计汝父子唯有走耳！"盖时人讥檀道济避魏之语也。敬则之来，声势甚盛，裁少日而败。"

王敬则为南朝齐高帝萧道成取得皇位立下汗马功劳，受到众人的敬重。萧道成死后，武帝继位，武帝死后昭业继位。不久，萧鸾采取阴谋手段杀死昭业和他的弟弟昭文，自己篡得帝位，号称明帝。萧鸾登上皇帝宝座，担心兄弟和后辈要推翻他，便残忍地杀掉了萧道成的二三十个儿孙。一些老臣旧将也被他除掉。王敬则也是被猜忌的对象。萧鸾虽然表面上对王敬则很尊敬，给他优厚的待遇，内心却处处防备他，派人监视他。当时王敬则任会稽太守，离朝廷远，萧鸾极不放心。

一天，萧鸾把王敬则在京都的儿子王仲雄叫来，递给他一把焦尾琴，说："我听说你琴弹得好，请你试一下吧！"

王仲雄调准琴弦，边弹边唱，唱了一首民歌，歌词是："常叹负情侬，郎今果行许……君行不净心，那得恶人题！"

萧鸾听了这个曲子，心里更加怀疑，忙派张瑰为平东将军、吴郡太守，领兵秘密监视着王敬则。王敬则听

鬼谷子

到这个消息,恼羞成怒,当即起兵叛变,领兵向京都建康进发。王敬则的一万兵马渡过钱塘江,打败张瑰的两千守兵,张瑰吓得逃跑了。跟随王敬则的百姓有十几万人,他们手拿铁锹、锄头,占领沿途各县,杀掉县令,直逼京口。

萧鸾正生病卧床,听说王敬则起兵反叛朝廷,非常惊骇,满朝文武大臣全都吓得失魂落魄。萧鸾的儿子萧宝卷叫人爬上房顶了望,看见征房亭上火光冲天,以为叛军已经到来,萧宝卷吓得连衣服都顾不上换就要逃跑。这件事传到王敬则耳朵里,他得意地说:"嘿嘿,三十六计,走为上计,我料他萧鸾父子唯有逃跑这条路啦……"

可是不久,王敬则因寡不敌众,军队又被河水所阻,遭到失败,他自己也被守军杀死。

古代兵法所说的三十六计,是:

第一套胜战计:瞒天过海、围魏救赵、借刀杀人、以逸待劳、趁火打劫、声东击西。

第二套敌战计:无中生有、暗渡陈仓、隔岸观火、笑里藏刀、李代桃僵、顺手牵羊。

第三套攻战计:打草惊蛇、借尸还魂、调虎离山、

第十二章 符言

欲擒故纵、抛砖引玉、擒先擒王。

第四套混战计：釜底抽薪、浑水摸鱼、金蝉脱壳、关门捉贼、远交近攻、假途伐虢。

第五套并战计：偷梁换柱、指桑骂槐、假痴不癫、上屋抽梯、树上开花、反客为主。

第六套败敌计：美人计、空城计、反间计、苦肉计、连环计、走为上。

二〇、唇亡齿寒

此典出自《左传·僖公五年》："晋侯复假道于虞以伐虢。宫之奇谏曰：'虢，虞之表也；虢亡，虞必从之。'……谚所谓'辅车相依，唇亡齿寒'者，其虞、虢之谓也。"

上面这段话的中心意思是：失去了嘴唇，牙齿就会感到寒冷，用之形容利害休戚相关。这是"唇亡齿寒"这个典故的最早文字记载。

故事说的是春秋时期，强大的晋国想一举消灭自己周围相对弱小的两个小国——虢国和虞国。晋国的国君晋献公与大臣们商量，大臣们建议：

虢国和虞国相互依存，并而去之，困难太大。最好借口攻打虢国，向虞国的国君虞公借道，这样就可以今日"取虢"而明日"取虞"，一箭双雕。晋献公一听，觉得这个计谋虽然很好，但不知道虞公肯不肯借道！大臣荀息说，虞公这个人很贪财物，如果你送上美玉良马，虞公不会不答应的。这良马和美玉，是晋献公最珍爱的两件宝贝，晋献公很是有点舍不得。荀息又进言道："等灭了虢国和虞国，这些宝贝还不都是你的。只不过是暂放在他那里罢了。"

荀息终于说服了晋献公，带上良马美玉出使虞国。虞公一见这么好的宝贝，顿时眉开眼笑，答应借道给晋国。

虞国有个大臣，叫宫之奇，赶忙向虞公劝道："俗话说'唇亡齿寒'，失去了嘴唇，牙齿也就难保了。虞、虢两国，唇齿相依，虢国一亡，虞国也就跟着完了。借道是万万不行的。"

贪财的虞公根本听不进宫之奇的劝谏，收下了良马、美玉，让晋兵借道攻打虢国。

宫之奇见虞公执迷不悟，仰天长叹，为了避免战乱，只好带着家眷离开了虞国。

第十二章　符言

晋军通过虞国，直接攻打虢国都城。虢军根本就没想到晋军会从虞国那边打过来，一时措手不及，虢国一下子就被晋军灭亡了。

晋军灭掉了虢国，从原路回师，虞公亲自到城外迎接晋军，庆贺胜利。晋军趁其不备，蜂拥而上，将虞公及其大臣统统捉住，并搜出当初进献的良马、美玉。虞公，懊悔当初不听宫之奇"唇亡齿寒"的劝告，但哪里还来得及呢！

虞国为了眼前的一点利益，居然抛弃了虢国这个战略伙伴，最终自食亡国之恨，教训是极为深刻的。

1949年，当新中国刚刚从废墟中站起来，百业待兴之时，朝鲜战争爆发，战火迅速烧到了鸭绿江边，我国安全受到了严重威胁。要不要出兵参战？据说，在一次会议上，毛泽东引用了"唇亡齿寒"这个典故，毅然作出了抗美援朝、保家卫国的战略抉择。

二一、市道之交

"市道之交"形容以做买卖的手段交朋友，比喻势利。

 鬼谷子

此典出自《史记·廉颇蔺相如列传》:"吁!君何见之晚也。夫天下以市道交,君有势,我则从君,君无势则去,此固其理也,有何怨乎!"

廉颇是战国时的一位大将,赵国封他一个食邑,这地方叫长平,当时,廉颇有许多和他关系很亲密的朋友,他们经常在一起喝酒取乐。不料后来赵王把他的职撤了,派了一个叫赵恬的人代替他。他的那些朋友都立刻跟他绝交,看也不看他一眼。过了许久,秦国有个大将白起,在长平把赵恬打败了,那里有一个杀谷,据说曾埋了赵国四十万降卒。这一役之后,赵王觉得廉颇总比赵恬好,如果换上廉颇,赵兵不致惨败,于是,又重用他。于是,从前看也不来看他的朋友,又纷纷前来祝贺,奉承廉颇。廉颇是个禀性刚烈,见这情形,很不高兴,马上下逐客令,其中一个,见他认真,便赔着笑脸,解释道:"老朋友,何必大动肝火呢?其实朋友相交,跟做生意一样:如果有件货物,购入了可以赚一笔大钱的,谁不买?反之,如果明明知道是冷门货,购进了连本也会折了的,谁去买它?做朋友就是这个道理啊!"廉颇听了,叹了一声道:"这真是市道之交了!"

第十二章 符言

二二、噬脐莫及

"噬脐莫及"意思是说,如同自己的嘴咬自己的肚脐一样,无法咬着。比喻后悔已晚,无法挽回,根本办不到。

此典出自《左传·庄公六年》:"亡邓国者,必此人也。若不早图,后君噬脐,其及图之乎!图之,此为时矣。观《封神演义》第四十二回:'如若拒抗,真火焰昆冈,俱为齑粉,噬脐何及?'"

春秋时期,有一次楚文王熊赀率军攻打申国(今河南省南阳市),路经邓国(今河南省邓县),想顺便打探一下邓国的情况。邓国国君邓祁侯对大臣们说:"他是我的外甥。"于是让楚文王住下,并摆下宴席,热情地招待他。

邓祁侯的另外三个外甥骓甥、聃甥、养甥,请求邓祁侯趁此机会杀掉楚文王,邓祁侯没有同意,三个外甥说:"将来灭亡邓国的必定是这个人。如果不趁着这个时机除掉他,等到将来就像咬自己的肚脐一样,根本够不上,后悔也来不及了!下手杀掉他现在正是时候啊!"

 鬼谷子

邓祁候仍然不听从,他说:"我若把他杀掉,恐怕以后人家会唾弃我,再也不敢到我这里吃我剩余的东西了。"三个人又劝说道:"您如果不听我们三个人的话,国家就要灭亡,到了那个时候,您还能到哪里去找到剩余的东西呢?"邓祁候始终不愿听从三个外甥的劝告。

楚文王早就怀着扩张侵略的野心,他并没有因为亲戚关系而放弃自己的扩张政策。在攻打申国回国的那一年,楚文王就下令攻打邓国。鲁庄公十六年,即公元前678年,楚文王又攻打邓国,终于把邓国消灭了。

第十二章　符言

符言第三

一曰天之，二曰地之，三曰人之。四方、上下、左右、前后，荧惑①之处安在？右主问②。

心为九窍③之治，君为五官④之长。为善者，君与之赏，为非者，君与之罚。

君因其政之所以求，因与之，则不劳。圣人用之，故能赏之。因之循理，故能长久。因求而与，悦莫大焉。虽无玉帛⑤，劝同赏矣。右主因⑥。

【注释】

①荧惑：即火星。

②主问：为人君者问，必须得到天时、地利、人和。

③九窍：是出入空气的小穴，人头上共有七个小穴，口、两耳、两眼、两鼻孔。也称为"七窍"。另外加上两个便孔，称为"九窍"。

④五官：指人的五种官能，即：视、听、味、嗅、触。

⑤玉帛，指玉和绢而言。两者都是贵重品。

⑥主因：君主最主要的是服从真理。

【译文】

君主的询问范围，应包括天文、地理、人事三个方面。四方、上下、左右、前后的情况都要加以了解，那就不会有什么被蒙蔽迷惑的事了。以上讲的是怎样询问。

心是身体各种器官的统帅，君主是百官的主宰。做好事的臣民，君主就应赏赐他们；对于做坏事的臣民，君主就应惩罚他们。

君主根据臣民的所作所为，斟酌实情施行赏罚，就不会费力，圣人任用官吏，能够掌握他们，给他们以赏赐，遵循道理办事，所以能够维持长久统治。以上讲的是如何因势顺理管理官吏。

【感悟】

一个君主要想治理好天下，就应该了解天文、地理和人事方面的所有情况，并对好的臣子进行奖赏，对于坏的臣民进行惩罚，这样国家才能长治久安。

第十二章 符言

【故事】

一、庆父不死,鲁难未已

"庆父不死,鲁难未已"比喻首恶不除,动乱不止。

此典出自《左传·闵公元年》:"不去庆父,鲁难未已。"

春秋时代,鲁国有个名叫庆父的人,他是鲁君庄公的异母兄弟。这个人野心勃勃,手段毒辣,诡计多端,一心想自己做鲁国的君主。庄公死了,由他儿子子般继位,庆父派人刺杀子般;子般死了,由鲁闵公继位,第二年他又派人刺杀闵公。不断地制造内乱,引起国人共愤,因此时间长了,就有谚语说:"庆父不死,鲁难未已。"国人联合起来声讨他,庆父逃到齐国的莒地。鲁国向莒地官府付出重金,要求把庆父抓回来,庆父在被解回鲁国的途中,自尽而死。

二、取道杀马

"取道杀马"这个故事批评那些不讲究正确方法而滥用严刑峻法的政治现象。

鬼谷子

此典出自《吕氏春秋·用民》:"宋人有取道者,其马不进,倒而投之溪水。又复取道,其马不进,又倒而投之溪水。如此三者。虽造父之所以威马不过此矣。不得造父之道,而徒得其威,无益于御。"

人主之不肖者有似于此。不得其道,而徒多其威。威愈多,民愈不用。

这段话意思是说:

宋国有个人着急赶路,但是他的马不肯前进。他便把它赶入溪水,淹得它奄奄一息。这样连续反复三次,然而那匹马还是不肯前进。就算像造父那样最善于驾马的人,他用来威慑马的手段也决不会超过这个宋国人了。他没有学到造父驾马的技巧,只是一味地仿效造父驭马的威严。这对于驾马,是没有丝毫益处的。

那些昏庸的国君同这宋国人有什么差别啊!治理民众,没有正确的方法,只知采用各种严刑。结果,严刑越厉害,民众越不会服从。

三、退避三舍

此典出自《左传·僖公二十三年》:"晋、楚治兵,遇于中原,其辟君三舍。"

第十二章 符言

《左传》中的这段文字意思是说,晋国和楚国交战于中原地区,晋军主动退师回避九十里。古汉语中的"辟"同我们今天的"避","舍"是春秋时期表示军队行军作战距离的计量单位。一舍相当于三十里。故事呢,要从重耳亡楚开始说起。

春秋时期,由于权位之争,晋献公的两个儿子,申生被杀,重耳为躲避陷害,被迫远走他国。在楚国避难时,楚成王以礼相待,不仅陪着重耳打猎聊天,而且吃、住均享受王侯的待遇,有国不能回的重耳很是感激。在一次招待重耳的宴会上,酒过数巡,楚成王漫不经心地对重耳说:"公子将来如果回到晋国,有朝一日做了国君,怎样报答我呢?"重耳说:"各种宝物你都有,我真不知道用什么东西报答你。"楚成王笑着说:"即使这样,也一定要有所报答呀。"重耳回答:"如果仰仗你的威力,我能够复国,愿与楚国交好,使百姓安居乐业,要是万一发生战争,战场上我愿退避三舍以报答你的大恩。"

公元前636年,晋国内部发生动乱,重耳在秦国穆公的支持下,由秦国的军队护送返回晋国。强大的秦军一连攻克晋国几座城池,朝野震动。人心所向,重耳终

 鬼谷子

于结束了十九年的流亡生活,坐上了国君的位置,称为晋文公。以后,由于采取了一系列有利发展的内外政策,晋国逐渐强大起来。公元前633年,为解救邻国,晋楚两国兵戎相见。

两军刚扎下营垒,晋文公就急于与楚军交战。大臣狐偃提醒他说:"主公当年曾对楚王说过,如果在战场上相见,晋军退兵三舍。现在就与楚军交战,是言而无信。主公不失信于普通人,更不能失信于楚王。"晋文公认为狐偃言之有理,就下令三军退兵九十里,来到城濮,也就是今天的山东鄄城西南。楚军以为晋军怯阵,跟随着追上来挑战。其实,晋军是把楚军引入了对自己有利的战场。

战争开始时,楚军占优势。晋军退却九十里,集中优势兵力,先选择楚军力量薄弱的右翼,给以沉重打击。同时,将主力伪装退却,诱使楚军左翼追击,然后两面夹击,又击溃了楚军的左翼。楚军终于大败而归。主将成得臣自知无颜回国见父老乡亲,但心存侥幸,派儿子成大心代己向楚成王请求免予死罪,楚王不允,成得臣不得不拔剑自刎。

后来,人们就常用"退避三舍"这句成语来表示暂

时的退让和回避，避免冲突，以至最终化被动为主动这样一种状态。

毛泽东在《论持久战》中，说到主观指导的正确与否，影响到优势、劣势和主动、被动的变化时就以晋、楚城濮之战为例来说明强大之军打败仗，弱小之军打胜仗的情况。

四、树倒猢狲散

"树倒猢狲散"比喻权势一倒，依附的人随即纷纷散去。

此典出自宋代庞元英《谈薮》："曹咏侍郎以秦桧之姻党而显，方盛时，乡里奔走承迎唯恐后，独其妻兄厉德新不然。咏衔怒，帅越时，德新为里正，咏风邑官胁治百端，冀其祈已，竟不屈。检殂，咏贬新州。德新遣介致书于咏。启封，乃《树倒猢狲散》赋一篇。"

南宋奸臣秦桧权势倾天，和他有点关系的人，都会威风起来。侍郎官曹咏同秦桧有姻亲关系，所以名声显赫，势高权大。当他的权势炙手可热之际，乡里的人都争先恐后地阿谀奉承他，生怕有没做好的地方。可是，

鬼谷子

曹咏有个妻兄，叫厉德新，偏偏不巴结曹咏。曹咏记恨在心，非常生气，他在越地任统帅时，厉德新只在乡里当个小吏。曹咏暗示地方官吏百般刁难、威胁厉德新，要他向曹咏低头请罪，可是厉德新就是不愿屈服。后来，秦桧死了，曹咏被贬到新州。厉德新写了一封信，派人送给曹咏。曹咏打开一看，乃是一篇赋，题目叫"树倒猢狲散"，讥笑他依附秦桧，飞黄腾达。如今秦桧死了，他也跟着倒台了。这就像树倒了，树上的猴子都四散逃开了一样。

五、漱石枕流

"漱石枕流"形容隐居生活。

此典出自《晋书·孙楚传》："'所以枕流，欲洗其耳；所以漱石，欲厉其齿。'楚少所推服，惟雅敬济。"

孙楚，字子荆，晋代太原中都（今山西平遥西南）人。祖父孙资，三国时在魏任骠骑将军，父亲孙宏，任南阳太守。孙楚才气过人，才华出众，性格豪爽狂放，性情骄傲，在乡里名声不好。四十多岁了，才混上一官半职。在职期间，同别人经常闹矛盾，晋武帝（司马炎）虽然不惩罚他，但也没有重用他。晋惠帝（司马衷）初年，孙楚任冯翊太守。

当初，孙楚与同郡的王济（晋武帝时官至侍中、太仆，有才气）是好朋友。孙楚在青年时期曾经想要隐居，对王济说："我想漱石枕流。"他本意是想说"枕石漱流"，不料误说成"漱石枕流"了。王济嘲笑说："流不是可以枕的，石不是可以漱的。"孙楚辩解说："我之所以枕流，是想像古代高士许由那样，用流水清洗自己的耳朵，洗掉人间的烦恼；我之所以漱石，是想磨砺我的牙齿。"孙楚很少佩服人，只是尤其敬重王济。

六、厚取于民，而薄其施

鲁国卿大夫子服惠伯对叔孙豹说："也许上天要照应这样一个荒淫无耻的人，你听说没有？庆封在吴国又富起来了。"

叔孙豹说："上天给财富给善人是善人的福分，上天给财富给恶人是恶人的灾祸，庆封富了，是上天让他聚财，然后再把他毁掉，我们往后看得到的。"

齐景公十七年、鲁昭公十二年，公元前530年，楚

 鬼谷子

灵王伐吴，楚军将领屈申攻破朱方邑，夺财灭口，杀死庆封，绝江南庆氏一族。

崔氏和庆氏两大家族被除掉，齐国贵族进行财产重新分配，分给晏婴邶殿（今山东昌邑县西北）六十个邑，一块物产富饶的土地，晏婴说："不要。"

子尾说："富足是人生来的欲望，为什么只有你一个人要拒绝这个欲望呢？"

晏子回答："庆氏的封邑多得足够满足他的贪欲了，结果他还是死了。我的封邑不多，不够满足我的欲望，假如我接受这块土地，可能我也会和庆氏一样，离灭亡不远了。我不讨厌财富，而是害怕失去现有财富，只有控制自己的贪欲，才可能保住我目前的处境。现在的社会，过于看重利益，所以必须用德行来加以调控，利益本身不是坏事，但是贪图太过，可能导致家和国的毁灭。我不敢有太大的贪欲，这是对自我的调控。"

最后，晏婴接受了北郭左六十个邑（今山东莱阳市），那块土地偏僻荒凉，没有大臣愿意去哪儿管理，晏婴把那里治理得很好，很多百姓随之迁去，开荒生产，定居下来。

子尾明白了晏子话中的含意，和子雅商量，两个人

第十二章　符言

都不敢接受齐侯太多封赏。

齐景公非常高兴,认为三位大臣忠诚而廉洁,于是将国政托付给他们三个人去管理。

齐景公九年,晏婴出使晋国,和晋国大夫叔向私下聊天,说:"将来齐国政权将归田氏,田氏对百姓亲善,百姓爱戴他。"

公元前389年,田氏取代吕氏成为齐国君主。

优秀的政治家具有旁人没有的远见卓识,能够预言将来的事——这是晏子高人之处。

齐景公在位五十七年,前四十七年,任用晏婴为国相,将齐国引向中兴。

公元前500年,晏婴病逝,享年七十八岁,辅佐齐国朝政前后六十余年。

公元前490年,齐景公高龄病逝。

景公问晏子曰:"昔吾先君桓公,有管仲夷吾保齐国,能遂武功而立文德,纠合兄弟,抚存翌州,吴越受令,荆楚惛忧,莫不宾服,勤于周室,天子加德,先君昭功,管子之力也,今寡人亦欲存齐国之政于夫子,夫子以佐佑寡人,彰先君之功烈,而继管子之业。"

晏子对曰:"昔吾先君桓公,能任用贤,国有什

伍,治遍细民,贵不凌贱,富不傲贫,功不遗罢,佞不吐愚,举事不私,听狱不阿,内妾无羡食,外臣无羡禄,鳏寡无饥色;不以饮食之辟害民之财,不以宫室之侈劳人之力;节取于民,而普施之,府无藏,仓无粟,上无骄行,下无诌德,是以管子能以齐国免于难,而以吾先君参乎天子,今君欲彰先君之功烈,而继管子之业,则无以多辟伤百姓,无以嗜欲玩好怨诸侯,臣孰敢不承善尽力,以顺君意?今君疏远贤人,而任谗谀;使民若不胜,藉敛若不得;厚取于民,而薄其施,多求于诸侯,而轻其礼;府藏朽蠹,而礼悖于诸侯,菽粟藏深,而怨积于百姓;君臣交恶,而政刑无常;臣恐国之危失,而公不得享也,又恶能彰先君之功烈而继管子之业乎!"

齐景公问晏婴说:"先君桓公有管仲帮助治理齐国,武功文德匡服天下,先君功德宏伟因为有管子的辅助。今天,我想将治理齐国的重任托付于您,您一定要辅助我,彰显先君(桓公)的功绩,继承管子的大业。"

晏子说:"齐桓公能够任用贤臣和能人来帮助管理国家,实行户籍制度,让朝廷的治理能够深入到百姓中去,贵族不凌辱贱民(指身份低的平民和奴隶),富人

第十二章 符言

不欺负穷人，有功者不驱使无功者，善言者不呵斥不善言辞的人；官员办事不询私情，判断案情秉公正直；家中的妾不羡慕别人家的饮食比自己家的好，朝廷大臣不相互攀比俸禄的高低，孤寡的人也有饱饭吃；不能因为君王的享受嗜好而榨取百姓的钱财，不能因为宫室建筑的需要而掠取百姓的劳力，从百姓那里收取的赋税很少，然后将朝廷的恩惠广泛地施舍给百姓，贵族，府第不藏贵重财物，仓库不存太多粮食，身份高的人没有盛气凌人的举止，身份低的人没有阿谀逢迎的行为。只有这样，管子才能够发挥他的才华使齐国免于危难，使先君得到周天子的赏赐。

而今君王您想彰显先君的德行继承管子的功业，就应该不以个人太多的嗜好而剥削百姓，不以个人的贪婪欲望而得罪诸侯。如果您能够做到这些，我哪里敢不顺从您的意思帮助您实现您的理想呢？

可是今天的您，疏远有才能有品德的贤人，任用拍您马屁的小人，兵役和劳役让百姓难以胜任，征收民间税赋使百姓所剩无几，从百姓身上获取的财物和劳力太多，给予他们朝廷的恩德太少，向各国诸侯求助很多，但是并不有按照礼仪去善待别人；国库里收藏的丝绸都

被虫蛀了，但是没有对诸侯国尽到一个大国应有的礼节，官家粮仓里粮食堆得要漫出来了，但是宁愿让百姓吃不饱肚子积怨在心；君王和臣子的关系很不友善，国家政策和刑律今天这样变明天那样变没有一个明确的制定和遵守。

这样的现状让我思虑重重，目前，我担心的是国家危亡在旦夕之间，君王您不能有今天的奢侈享受，哪里还顾得上彰显先君的功绩和继承管子的事业呢？"

有一点需要说明的是，《晏子春秋》并不完全等于历史的真实，其中有很多故事也许是民间传说，也许是后人编述，晏子的对话也一样，其中大部分，我认为，都是后来人根据晏婴这个历史人物的事迹，依据他的个性和品格以及他的语言风格编造出来的，因为编得精彩，后来的人也就当成真实的故事流传开来——《晏子春秋》说出了人们心里想说的话，让人读来感觉痛快，例如上面这篇文字。

实际上，齐桓公时代，也没有文中所说的那么美好，用晏子的嘴说出来，为了和齐景公时代作个鲜明对比；而齐景公时代，也没文中说得那么差，比较而言，齐景公还算得上一个较有作为的君王，在他执政时期，

第十二章　符言

做到了任用贤能、安抚臣民、发展经济、结交诸侯，齐国渡过很长一段相对安宁的日子，他有很多缺点，例如贪图享乐（其实这根本算不了什么），例如赋税太重，任用贤臣的同时也宠信了一帮小人，等等。但是，我们不能苛求，因为是那个时代。

"厚取于民，而薄其施"，我认为这句话是全文（《晏子春秋·问上》）的重点——从民众身上榨取太多，给予他们的恩惠又太少。

古代君王可以有很多毛病，只是，关键的事得有量衡，例如文中所说的"取"和"予"，一个古往今来的论题——国计民生，取之于民施之于民，不是没人知道，而是知道了能否做到？晏子的话，拿到今天也不过时。

七、赦免无罪的叔孙

季武子攻打莒国，占取了郓地，莒国人向盟会报告。楚国对晋国说："重温过去的盟会还没有结束，鲁国就攻打莒国，亵渎了盟约，请求诛戮它的使者。"

乐桓子是辅佐赵文子的。他想向叔孙索取财货，从而为他向赵文子说情。派人向叔孙要他的带子，叔孙不给。梁其说："财货用来保护身体性命，您何必爱惜呢？"叔孙说："诸侯的会盟，是为了保卫国家。我用财货来免去祸患，鲁国就必然要受到攻击，这是使它遭受祸患啊，哪里是保卫它呢？人间所以有墙壁，是要用来遮挡坏人。墙壁因为裂缝而坍坏，是谁的过错？保卫它的却使它遭受攻击，我的罪过又超过墙壁了。虽然应当埋怨季孙，但是鲁国有什么罪过呢？叔孙出使，季孙守国，一向就是这样的，我又去怨谁呢？然而鲋喜欢财货，不给他，他是不肯罢休的。"于是召见使者，撕下一片做裙子的帛给他，说："身上的带子恐怕太窄了。"赵孟听到了，说："面临祸患而不忘记国家，是忠心；想到危难而不放弃职守，是诚意；为国家打算而不惜一死，是坚定；计谋以上述三点作为主体，是道义。有了这四点，难道可以诛戮吗？"于是就向楚国请求说："鲁国虽然有罪，它的执事不避祸难，畏惧贵国的威严而恭敬地奉命了。您如果赦免他，用来勉励您的左右群臣，这还是可以的。如果您的官吏们在国内不避污浊，在国外不逃祸难，还有什么可忧虑的？忧虑之所以产生，就是从临污浊而不治理、遇祸难而不顶住这里来的啊。能

第十二章 符言

做到这两点，又忧虑什么？不安定贤能的人，有谁去跟从他？鲁国的叔孙豹可以说是贤能的人了，请求赦免他，用来安定贤能的人。您参加会盟而赦免了有罪的国家，又奖励它的贤人，诸侯们有谁不高高兴兴地望着楚国而归服，把疏远看成亲近？边境上的城邑，一下归那边，一下归这边，有什么一定？三王五伯的政令，划定边疆，在那里设置官员，树立标志，进而明写在章程法令上，越境即有惩罚，这样尚且不能划一不变。在这种情况下虞舜时代有三苗，夏朝有观氏、扈氏，商有姺氏、邳氏，周朝有徐国、奄国。自从没有英明的天子，诸侯争先扩张，交替主持结盟，难道又能够划一不变吗？注意大的祸乱而不计较小的过错，足以做盟主，又哪里用得着管这些？边境被侵削，哪个国家没有？主持结盟的，准能治理得了。吴国、百濮有隙可乘，楚国的执事难道还只顾到盟约？宫国边境上的事情，楚国不要过问，诸侯不要烦劳，不也可以吗？莒国、鲁国争夺郓地，日子很久了。如果对他们国家没有大妨害，可以不必去保护它。免去烦劳，赦免善人，别人就没有不争相努力的。您还是考虑一下。"晋国人坚决向楚国请求，楚国人答应了，就赦免了叔孙。

 鬼谷子

八、赏罚分明

春秋时期，晋文公打败了卫国和曹国，以前逃难时所受的那股怨气消除了。大家都兴高采烈。赵衰提醒晋文公，说："大丈夫有怨报怨，也别忘了有恩报恩哪！"晋文公不是个忘恩负义的人，听到赵衰的话说："当然！当然！请问报谁的恩？"赵衰回答："当初主公不是说过吗？如果您能够回到晋国的话，必定报答僖大夫的恩情。"晋文公着急地说："哎呀，真糟糕！在哪儿呀？为什么曹国大夫的名单上没有他呢？"经过认真地调查，才知道僖负羁被革了职，现在住在北门，成为一般老百姓了。晋文公立刻下令保护北门；然后又下了一道很严厉的命令，说："不管是谁，只要侵犯了僖家的一草一木，就以死罪论处。"他留下一部分人马在城里，自己回到城外的大营里去。

魏犨和颠颉两个人听到这道命令，心里很不服气。

两人出于嫉妒，带了几名小兵包围僖负羁的房子，从四面八方放起火来。正巧那一天风大，没过多久，北门一带就烧得通红。

第十二章 符言

狐偃、胥臣等发现北门起火，急忙地领着士兵赶过去。仔细一瞧，原来是僖负羁的家着火了。他们立刻动手救火。一直忙到天亮，才把火扑灭。这时晋文公也赶来，默然地注视着眼前的景象。僖负羁被烧得面目全非，听说晋文公到了，痛苦地睁开眼睛瞧了他一眼，就咽气了。

晋文公非常悲愤。他查出是魏犨和颠颉放的火，就要把他们处死。赵衰说："他们两个人跟着主公颠沛流离了十九年，最近又出生入死立了大功，还是从轻发落吧！"晋文公说："有功劳的人就可以犯法吗？那以后我的命令还有用吗？功是功，过是过，赏罚必须分明。"赵衰说："主公的话当然有道理，不过魏犨是咱们将军当中最勇猛的，杀了他实在可惜。再说这次放火是颠颉指使的，杀了他也就算了，何必再杀魏犨呢？"晋文公，思忖了一会儿，说："魏犨虽然勇猛，可是受了重伤，看来也活不成了，就按照军令杀了吧！"赵衰说："让我先去看看。如果他真的不行了，就照主公的话治死他；如果他还很健壮，不如留下他，让他戴罪立功。"晋文公点了点头，说："由你去办吧！"然后转身对荀林父说："你把颠颉带到这儿来！"

荀林父带颠颉进来了。晋文公破口大骂："你为什么违犯军令，烧死僖负羁？"颠颉明白十九年来的功劳算是白费了，无论如何也免不了一死，就毫不客气地挖苦说："介之推割下大腿的肉给你吃，你把他烧死了；僖负羁给你酒肉吃，当然应该受到同等的对待呀！"晋文公听了，气得青筋暴露说："介之推是自己跑掉的，怎么能怪我呢？"颠颉顶他一句说："僖负羁又没跑到绵山上去，你怎么不早点儿去探望他呢？如果你真心诚意地想报恩的话，为什么不去请他来呢？"晋文公更加恼火了，没有心绪再跟他辩解，就叫武士把颠颉推下去斩了。

赵衰奉了晋文公的命令去看魏犨。魏犨的胸脯受了重伤，有气无力地躺着。一听说赵衰来看他，本来心直口快的他竟生出了急智。他叫左右的人尽快用布帛裹紧他的胸脯，咬紧牙根，亲自出来迎接赵衰。赵衰一愣，问他："听说将军受了重伤，怎么起来了呢？主公叫我来看看你，你还是躺下来休息休息吧！"魏犨说："主公派大臣来看我，我哪儿敢失礼呀！我知道自己犯的是死罪，如果能免我一死，我将尽力报答主公的大恩和诸位的情义！"说完，他故意在赵衰面前施展他的身手，向前跳了两次,又往高处蹦了三次。赵衰赶紧阻止他说:"将军好好休养,我替你去向主公求情就是了。"

赵衰回去一五一十地向晋文公转告了魏汸的话和又跳又蹦的情形。晋文公虽然心里高兴,嘴里却不说什么。他当着大臣们的面问赵衰:"魏汸和颠颉在一起,颠颉放火,他也不阻挡他,该当何罪?"赵衰说:"革去官职,让他戴罪立功。"于是晋文公就革去了魏汸的官职。大家都倒抽一口冷气,面面相觑,议论着说:"颠颉和魏汸跟着主公颠沛流离,立下不少功劳,最近还打了胜仗。然而一旦犯了军令,重的死罪,轻的革职。如果其他人犯了法,那结局就可想而知!"上下三军全都领教了国君赏罚分明的态度,谁也不敢违法犯纪。

九、诸葛亮治蜀

诸葛亮出山辅佐刘备时,任军师。刘备建立蜀汉政权后,他一直任丞相,被封为武乡侯,鞠躬尽瘁,为蜀汉事业付出了全部精力。

治理蜀汉之初,诸葛亮崇尚严刑峻法。他主张加强中央集权,打击分裂割据势力,并制定了《蜀科》,作

 鬼谷子

为蜀汉的法典，执法严明。

这些措施引起了一些人的非议。尚书令，护军将军法正建议推行温和的政策，他上书诸葛亮说："从前汉高祖刘邦进入关中时，曾经约法三章，秦国百姓懂得了德政。希望您能逐步放松严刑峻法，以抚慰蜀汉百姓的愿望。"

但是，诸葛亮认为，蜀汉的情况同当时刘邦平定三秦时大不一样，不能作为对比。他说："秦国推行严酷的暴政，使百姓怨声载道，不堪忍受，揭竿而起，使天下大乱。汉高祖有鉴于此，推行宽大政策。刘璋治蜀软弱昏庸，德政推行不了，刑法不严，造成君臣关系逐渐被颠倒。现在我严刑峻法，法治推行了，人们便知道什么是恩德，再以官位加以限制，得到了官位，人们便知道什么是荣耀。荣耀和恩德并施；君臣关系明确，才是最重要的治国之道。"

刘备死后，其子刘禅继位，称为"后主"。为了协助刘禅治蜀，诸葛亮精简官僚机构，明确制定了法规，集思广益，以软硬两手治国。

为了稳定蜀汉政权，诸葛亮决定出兵云南、贵州和四川交界地区，讨伐雍叛乱。出发前，参军马谡对诸葛

第十二章 符言

亮说:"那个地方凭仗地势险要,早就有了叛逆之心;哪怕今天被征服,明天又会翻脸。用兵的道理在于攻心为上策,攻成为下策,心战为上策,兵战为下策。只愿您能使他们心服。"

诸葛亮接受了这个正确的建议,以柔克刚,恩威并重,用强硬手段七次抓住孟获,又以仁慈之心七次释放了孟获,从而平定了西南少数民族地区,为稳定蜀汉政权奠定了基础。

此后,诸葛亮继续将宽猛相济的方法推行到治理蜀汉中去,取得了很好的成效。

一〇、教导将军的爱盎

爱盎下朝回家,路上正好遇见丞相申屠嘉,爱盎下车拜谒,而丞相却只在车上还礼。爱盎回到家里,感到愧对其家人及从吏,于是到丞相府上拜谒,要见丞相。

过了好久,丞相才接见爱盎。爱盎跪在地下说:"愿说句私人的话。"丞相说:"如果您所说的是公事,请到有关官吏那里去商议,我也可以秦知皇上;如果您说的是私人的事,我不办私事。"

爱盎就起身说道:"您做丞相,自己觉得与陈平、绛侯相比如何?"丞相说:"不如。"爱盎说:"那好,您自己也觉得比不上他俩。陈平、绛侯辅助高帝,平定天下,做了将相,诛杀吕氏请人,保全了刘氏,你那时才是军中的小官,积功而升为淮阳守,并没有奇计或是攻城野战的功劳。况且皇上从代地来,每次临朝,官员上书,从未不停下辇夫接受奏章。如果其中的话不可用,则放置起来;如果可用,皇上从未不称赞。这是为什么呢?这是为了罗致天下贤能的士大夫,每天听自己所不到的话,以增益自己的聪明才智,皇上也就越加圣明。而您现在堵塞天下人的嘴,只能变得越来越愚蠢。以圣明的君主来责备愚蠢的丞相,您的祸事不远了。"

丞相申屠嘉两次拜谢,说:"我是一个卑陋的人,不懂这些道理,幸亏将军教导我。"于是,引他人上坐,拜为上客。

一一、夏王菊花庄借马

永年城东北五里有个借马庄村。借马庄原名菊花庄,为啥改为"借马庄"的,这里边有一段生动的故事。

第十二章　符言

隋朝末年，农民起义军领袖窦建德，血战聊城，生擒宇文化及，并建都洺州，号称夏王。他颁行政令，兴修水利，劝课农桑，政绩卓著，受到了当地百姓的拥护和爱戴。

有一年春天，正值阳春三月，杨柳青青，桃花盛开之时，窦建德骑一头枣红大马，带一名随从马童，到野外打猎。行至菊花庄，见一老翁在田头耕地，一个四十多岁的妇女和一个十多岁的男孩在前边拉犁，扶犁的老翁，满头白发，看上去有六十多岁年纪。他手扶犁把，脸暴青筋，驼背躬腰，汗流浃背，直喘粗气。窦建德见此情景下马问道："请问老翁，为何不用牛耕田？"

"牛都叫官府抢光杀光了。"

"你身边可有儿子？"

"儿子被官府抓去当兵，至今死活不知，现今，只丢下我一家三口人了。这一女子是我的儿媳，这一男孩是我的孙孙。说句良心话，要不是夏王到此，老百姓哪能有地可种？"

"你可见过夏王吗？"

"我没见过，可见过的人不少，都说他身高七尺，剑眉凤眼，虎背熊腰，大红脸膛，赛过关公再世，俺们

 鬼谷子

老百姓都托他的福啊。"

窦建德详细问过老翁姓名和村中百姓的生活情况,叫身旁马童,牵过马来,帮老翁耕田。这枣红大马,虽力大无穷,但几十年来一直伴窦建德走南闯北,驰骋战场,从未搭过犁套。马童牵马套犁,这匹马时而立柱长嘶,时而悬蹄踢套,怎么也套不上。窦建德一旁忍耐不住,甩掉披蓬,绾起裤腿,亲自把马套在犁上。随即空中打了个响鞭,犁呼地一下插地走出两丈多远。窦建德亲自扶犁,马带犁像箭一样飞跑,马童和老翁空走都赶不上。原来窦建德是农家出身,耕、耧、犁、耙样样精通,犁出来的地又深又平,一晌多功夫,把这块地犁完了。老翁走到窦建德身旁拱手道:"请问尊姓大名,家住哪里,日后好有个图报。"马童一旁答道:"还不快快谢恩,这就是夏王驾到。"老翁一家闻听,一齐跪在地下道:"小人有眼不识泰山,敢劳夏王大驾,真是罪该万死!"窦建德急忙将老翁一家扶起,并吩咐马童,请传我的口喻,从今日起,各军营战马,均可借百姓耕田使用。此事,一传十,十传百,很快传遍了洺州大地,都纷纷到附近军营借马耕田。后人为纪念窦建德借马耕田一事,就把菊花庄改名借马庄。

第十二章 符言

一二、孔循刀下留人

五代后唐的孔循任夷门代理军府事务时，曾从断头台上救下四个无辜百姓，被人传为美谈。

当时，长垣县百姓家屡屡遭偷。经查，系该县四个大窃贼所为。州衙下令限期将此四贼捉拿严惩。

不料，窃贼早得风声而遁。过了一段时间，觉得如此躲藏非长久之计，四贼认为有钱能使鬼推磨，便深夜偷偷地前往县衙都虞侯、推吏、狱典家，分别给予重赂，请他们设法开脱。此计果真奏效，这些贪官污吏见钱眼开，答应帮忙。

此案州里催得很急。到了限期，长垣县衙果真报说四贼已擒，案卷中明列了许多罪状，属十恶不赦，并据此判处死刑以弃市示众。州府见证据确凿，便允准处决，并派孔循前往长垣监斩。

孔循平时理案十分谨慎，每次监斩前总要和囚犯谈番话，以免出现差错。这次，他看了案卷后，虽觉无可挑剔，但仍将四名囚犯提出询问。可他问了不少话，四个囚犯只是低着头，一声不语。

鬼谷子

孔循见囚犯不吭声，便道："你们所犯之罪，实乃恶极。本官问你们多时却不回答，那就算默认不讳了。有什么话尽管说，否则来不及了。午时三刻将至，你们人头落地后悔也晚了。"

四个囚犯直跺脚，可仍低头不语。

时辰已到，孔循挥挥手，令衙卒及刽子手将囚犯推出处决。

四个囚犯被推至门口，瘫倒地上，回头看着孔循，似有话要说的样子。

孔循见此情形，心中生疑，便把他们召回来再讯问。

这时他们才说道："我们实在冤枉，刚才狱卒硬用枷尾压住我们的喉咙，所以有话说不出来。"

孔循发现他们似有顾虑，便支开左右随从。

囚犯"扑通"跪下，连喊"救命"，并将冤屈一一道出。原来他们根本不是那四个罪大恶极的盗贼，而是四个穷百姓。那日在街上莫名其妙地被抓，到了县衙被劈头盖脑地打得死去活来，硬要他们承认是盗贼。因吃不住酷刑只得屈招。

孔循下令将此案移到州衙审理。结果很快查明，那四个百姓果真是冤枉,而为了制造这个冤案,长垣县衙几十人都接受了四大窃贼的贿赂。最后这些人与那四名真窃贼都被惩处。

一三、离朝的司马光

王安石主政后,推行新法,司马光反对,上书陈述利害。迩英为皇帝宣读司马光的奏书,当读到曹参代替萧何为宰相的典故时,神宗说:"汉代老守着萧何制定的法律不变,可能吗?"司马光回答说:"不仅汉法不能变,假使三代之君继承禹、汤、文、武之法,就是延续到今天也是可能的。当年汉武帝更变汉高祖的法度,招致盗贼蜂起;汉元帝修改汉宣帝的政令,汉朝的基业从此衰落。由此可见,祖宗的法度是不能更变的。"

吕惠卿反驳说:"先王的法度,有一年一变的,象古籍中所载的'正月始和,布法象魏';有五年一变的,比如巡守考制度;有三十年一变的,象'刑罚世轻世重'的记载。因此,司马光的论点是不对的,他的真实意图是想借此讽刺朝廷罢了。"神宗把吕惠卿所举的例子说给司马光听,司马光纠正说:"'布法象魏'的意

思是颁布旧法。古时诸侯有变动礼乐的,天子'巡守',发现后就要杀头,礼乐不能自己随意变动。至于古时的刑法问题,新建的国家往往采用较轻的刑典,而混乱的国家偏向于采取从重的刑典,这才是'世轻世重'的意思,不是要变更刑典。况且治理天下好比居住房子,旧了就要修整,不大坏就不必重新营造,现在满朝大臣和侍从都在这里,希望陛下问问他们是不是这个道理。三司使是掌管天下钱财的官员,如不称职可以罢免,但不能使执政官员侵犯他本身的职权,现在又重新搞一个三司条例司,不知要干什么?宰相以先王之道辅佐君主,为什么要依例条办事?如果是这样,那就等同于一般的胥吏了,今天,做什么事情都要由中书条例司决定,这又是为什么?"吕惠卿无法回答司马光的责问,便用其他话语来低毁他,神宗制止说:"大家互相辩论是非,为何要用这样的态度。"司马光接着说:"平民拿钱放利息,也能一点点地吃掉更贫穷的农户,更何况是在县官的督责下逼迫他们借债呢!"吕惠卿辩解。"青苗法规定,老百姓愿意借的就借给,不愿借的也不强求。"司马光说:"愚民们只知道眼前借债的利益,不知道将来还债的痛苦,即使没有强求,客观上的效果是一样的。

第十二章 符言

当年太宗平定河东,立下籴米的法令,当时一斗米换十钱,百姓乐于同官府交换。后来物价腾涨,和籴之法却不解除,便成为河东百姓世世代代的祸患。我恐怕将来的青苗法。就象今天的和籴法一样。"神宗问;"在粮仓门口直接籴米怎么样?"司马光答:"不方便。"吕惠卿说:"籴米一百万斤,就可以节省东南地区的漕运费用,拿这笔省下的钱支付京师的花费。"司马光反驳说:"东南地区钱少而米贱,如果不在那里通过籴米和漕运把钱换成米,那就成为弃优势而不用,取劣势而用之,导致米更贱,钱更少,对农民与商人都造成痛苦。"侍讲吴申从座位上起来说:"司马光的论点,是十分正确的。"

一天,神宗留司马光谈话,神宗说:"近来,民怨汹汹,好象孙叔敖所说的'国之有是,众之所恶'一样。"司马光说:"正是这样,陛下应该明辨是非。今天中书例条司所做的事情,只有王安石、韩绛、吕惠卿认为是对的,陛下怎么可能只与这三个人共同治理天下呢?"宋神宗想重用司马光,征求王安石的意见,王安石说:"司马光表面上打着同您讨论问题的旗号,实际上是在收买人心,图谋当政。他所说的都是破坏新法的言论,所交的都是破坏新法的朋友,如果把他放在要害

鬼谷子

的位置上,参与国家大事的讨论,将会助长反对变法的势力。以司马光的才能是不足以危害新法的,但如果授以高位,那些持反对意见的人就会以他为中心聚集起来、当年韩信打出汉朝的红旗(赵国的士兵便失去战斗的勇气,今天要重用司马光,就象给反对变法的人立了一杆大旗。"

　　王安石因为被韩琦上书批评,一度请求辞职还乡,神宗想乘机任用司马光为枢密副使。司马光辞谢说:"陛下看重我的原因,可能是认为我个性狂直,或许能对国家有用。如果只用禄位来使我荣耀,却不采纳我的主张,那就仅仅是一种私恩。如果我只享受荣华的禄位,却不能救济百姓的苦难,也不过是沽名钓誉的自私之徒。陛下如果真的能废除例条司,把权力还给提举官,停止实行青苗、助役等法令,就是不用我,我也觉得受到了莫大的恩赐。今天,大家谈论青苗法的坏处,不过是说官使骚扰州县百姓。但我所忧虑的,是在十年以后,而不是今天。老百姓的贫穷与富裕,是由于各自勤劳或懒惰造成的。懒惰的人常常缺钱少粮,必须要向人借贷。今天由朝廷出钱借给百姓并收取利息,富人就不愿借取。但朝廷的使者以多多出借作为功劳,强行配

给，又怕借钱后逃走，便令穷人与富人相互作保。借钱后，穷人无力偿还，只有逃走，富人没法逃跑，却必须替逃跑了的穷人还债。春算秋计，日复一日，穷人都跑光了，富人也变成了穷人。十年之后，老百姓就没有存在的了。青苗法又使朝廷散尽平常积累的钱粮，他日要想再积累，将从哪里收取？富人不存在了，平时的积累也用光了，一旦遇上战争和荒年，老幼妇弱必然饿死于沟壑之中，青壮年必定聚集起来当强盗，这些不幸的事情一定会发生的。"司马光一连七八次上书请求废除新法，神宗对他说："枢密使是掌管军事的，不同的官有不同的职守，你不应该对其他的事情说三道四。"司马光不卑不亢地回答。"我并没有接受枢密使的任命，我还是一名侍从，对朝廷中的事情没有不能议论的。"不久，王安石重新执政，司马光便请求离朝，被放为外任。

一四、隋文帝严惩恶子

隋文帝杨坚（541~604）登上皇位后，常常教育自己的孩子要勤政爱民，注意节俭。他还特别告诫孩子

说:"治理国家,必须树立法制的权威,取信于民。我朝的法律任何人都必须遵守,不管是谁犯了法,都要受到惩处。"

隋文帝杨坚有五个儿子,他们分别叫杨勇、杨广、杨俊、杨秀和杨琼。三皇子杨俊在平灭位于江南的陈朝、结束中国南北朝长期分裂局面的过程中立了大功,被封为秦孝王。他既是功臣,又是皇胄,觉得国法是管不到自己头上的,于是就放纵自己,胡作非为。他和他的手下仗势欺人,霸占别人田产,抢夺百姓妻女,而且放债求利,下层官吏和百姓深受其苦。

隋文帝听说三皇子杨俊干了许多违法乱纪的事,勃然大怒,立即派人查办此事。开始时,他还念及父子之情,只是惩办了杨俊的手下(因此受株连的有一百多人),以为这样可以使杨俊的所收敛。

谁知杨俊恶习难改,他不仅依然我行我素,而且竟依照皇宫的规格来营造自己的王府,奢侈华丽到了极点。同时还从民间搜罗了大量的美女、歌妓,供其寻欢作乐。

隋文帝见杨俊如此奢侈腐化,再也无法容忍了。他深切地认识到,如果再对杨俊庇护宽大,就会有更多的

第十二章 符言

人效尤,以致危及隋朝的长治久安。正是出于这样的考虑,隋文帝断然下令削去杨俊的官职,先将其软禁起来,再依法惩处。

这件事在朝中引起很大的震动。左武卫将军刘升以为这只是隋文帝的一时气愤之举,等气消了就没有事了,于是就向隋文帝进谏说:"秦王功劳很大,现在只不过是多花了朝廷几个钱把王府修整一下,也算不了什么大错,臣以为可以宽容,教育教育也就算了,还是恢复他的官职吧!"

隋文帝说:"国家的法律是不能违犯的。皇子犯了法,也必须受到惩处。"刘升还是一个劲地为杨俊求情,劝隋文帝恢复杨俊的官职。只到隋文帝脸上显出愤怒的样子,刘升才停止了劝谏。

这之后,朝廷重臣杨素也来进谏,说秦王虽有过错,但不应受到这样重的惩处,请隋文帝仔细斟酌,对杨俊手下留情。隋文帝对杨素说:"王子犯法,与民同罪。我是五个儿子的父亲,如果按照您的意思办理,那为什么不对皇帝的儿子特别制定一套法律呢?我倒是想赦免他,可是国法饶不了他啊!过去,周公还诛杀其弟管叔和蔡叔呢,我诚然远远不如周公,但也不能损害法

鬼谷子

律啊！"杨素听了隋文帝的这一席话，也就不好再说什么了。

三皇子杨俊听说父皇拒绝了大臣们的请求，知道自己罪不能免，又急又怕，吃不下，睡不安，很快就病倒了。他在病中给父皇写了封认罪书差人送去，请求从轻发落。

隋文帝对送认罪书的人说："你回去告诉俊儿，他犯的罪国法难容。我惩处他，心里也很难过，但只有这样做，才能使子孙后代有所警惕，不敢再胡作非为。不然的话，隋朝的天下会被很快断送的。"杨俊听了这话，病情加重，不久就死去了。

杨俊死后，隋文帝又吩咐把杨俊的府第充公。

一五、长孙皇后引典故

唐太宗有一骏马，他很喜欢这匹马，在宫中饲养，一天突然暴死。太宗很生气，要杀了那个马夫。没有人敢替马夫说话。

回宫后，长孙皇后见太宗气色很不好，满脸怒气，于是长孙皇后柔声问道："皇上为什么事在生气呢？"

第十二章　符言

唐太宗告诉她说:"朕的那匹最心爱的马好端端的突然死去,一定是养马人不负责任,让马吃了什么东西。你知道这匹马跟朕南征北伐,立下赫赫战功。现在无病而死,叫朕怎么不伤心呢?因此,朕一定要杀死这个养马人,看谁以后还敢不负责任!"

长孙皇后想,即使马夫疏于职守导致马暴死,但也罪不至死,她想劝唐太宗,但此时唐太宗正在气头上,恐怕效果也不会好。她突然想起历史上齐景公要杀养马人的故事。

长孙皇后说:"陛下,你还记得齐景公和养马人的故事吗?"长孙皇后的话把唐太宗的注意力拉过来了,他饶有兴趣地说:"嗯?说说看。"

于是长孙皇后开始讲齐景公和养马人的故事。

齐景公有一匹心爱的马,一天那马突然得了急病死了,齐景公大怒,让人把养马的人拉出去杀了。

当时晏子也在场,晏子对齐景公说:"这个马夫不知道自己犯了什么罪而死,会死不瞑目。我替您列举出来,让他知道自己犯了什么罪,让他死而无怨。"齐景公正中下怀,说:"好吧。"

晏子对马夫斥责说:"你知罪吗?"马夫说:"小人

有罪。"晏子说："你的罪名有三条：主公让你养马你却把它养死了，这是第一条死罪。又养死了主公最心爱的马，这是第二条死罪。"齐景公点了点头。

晏子接着说："更为严重的是，让主公因为一匹马的缘故而杀人，百姓听说以后肯定抱怨我们国君，认为国君重畜生而轻人命，导致老百姓离心离德。诸侯听说以后也必然轻视我国，降低齐国的威信。"齐景公越听越不是滋味，心想：这哪里是在数说马夫的罪状啊，这不是转弯抹角在责备我吗？

晏子："你养死了国君的马，使百姓积怨，使邻国轻视我们，这是你的第三条死罪。"晏子对侍卫摆了摆头说："现在把他拉出去杀了吧。"

齐景公长摆了摆手说："好了，好了，把他放了吧！不要损害我所实行的仁政。"

唐太宗听到这里，知道皇后是在借说故事劝谏自己，说道："看来，今天要是杀了那个马夫，朕连齐景公都不如了。"于是释放了那个养马人，仍让他为自己养马。

自此以后，养马人更尽心尽职喂马，再没有发生过差错。

第十二章 符言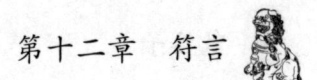

一六、御史智断谋反案

唐朝人李靖,曾任岐州刺史。这期间,有个人为了讨好皇帝,便控告李靖有野心,要聚兵谋反。唐高祖得到这个情况后,立即命令一个御史前去调查,并告诉御史:"如果李靖真的要阴谋造反,可以当场处死。"

这个御史知道李靖奉公守法、体贴百姓,不可能图谋造反。若真有人说他要造反,肯定是在诬告陷害。只是,要如何才能把这件事弄个真假分明呢?

御史思前想后,终于想出了个办法。他请求那个控告人和他一起去办这个案子,唐高祖皇帝答应了他的请求。御史领了圣旨,便和那个控告人一起,直奔岐州。

走出几百里地后,那个管行李的随从忽然慌慌张张地向御史报告,控告人原来写的状子丢了。御史大为恼火,用鞭子狠狠地抽打那个随从。随从惊恐万状,只顾磕头求饶,很是凄惨。

看着随从那个可怜的样子,御史不忍心再打了,叹了口气,对那个控告人说:"李靖谋反的事实很清楚,我们奉旨去查办,谁曾想到,随从却把状子丢了,这是

鬼谷子

要掉脑袋的。我们俩办不成此事,也有和李靖勾结的嫌疑,不免会受到严厉的惩罚。"那个控告人一听,觉得事情有些不妙,忙问御史怎么办才好。

御史又摇头又叹气,表示事情非常棘手,踌躇了半天,说:"要想我们都不受连累,救随从一命,我看只有一个办法,你再重新写一张状子,权当没有丢,我们还是照常去查办。"那个控告人也觉得再没有第二个好办法了,就重新写了一张状子,给了御史。

控告人哪里知道,这是御史和随从定的一计,状子其实并没有丢,它就在御史的衣袖里。待到他把原状子拿出来和重新写的状子一对照,便发现内容很不相同。看到目的已达,御史便立刻返回京城,向皇帝报告了这个情况。

唐高祖一时间也闹不清这里面有什么文章。御史便说:"如果李靖造反确有其事,那么控告人无论在什么时间,在什么地方,也无论是在什么情况下,写出来的状子的内容应该是一致的。现在内容出入很大,有些甚至是牛头不对马嘴,这充分说明是控告人在凭空捏造事实。"

皇帝一听有理,立即命令大臣对控告人进行审讯。经过审讯,发现果然是控告人在捏造事实,对李靖进行

诬陷。于是，皇帝便把那个控告人判为诬告陷害罪，杀掉了。

张子臣道："看来古人说得非常好：水可载舟，亦可覆舟。就兵器或武功而言，既可以用之杀人，亦可用之救人。就看使用它的人是善是恶了。我们的说话功夫，事实上也是这样。在刚才吴老说的故事里，御史就用它来救人。而在和 这样的家伙手中，却成为了升官发财的防卫武器。"大家均有同感。

司徒朗说："我还想起了我们中国历史上更为经典的'局局相扣子母环'，那就是三十六计中的'连环计'，最典型的代表就是《三国演义》里，王允使用这条计谋，通过'子母环'式的说话功夫，把吕布与董卓都引入预设的局中，并把一大群人把玩得团团转，还最终把董卓成功除掉，真乃是我们余老师提出的'局局相扣子母环'说话功夫的绝顶高手呀。"

一七、韩世忠计败刘忠

南宋时，韩世忠奉宋高宋之命率军讨伐盘踞在蕲阳白面山的刘忠。韩世忠来到白面山下，看见刘忠的部队

鬼谷子

依恃险要地形扎营,很难攻克。他命令人命就地驻扎,不得擅自出战、两军开始对峙起来。

韩世忠偷偷派人前去侦查敌人的情况,以便制定破敌之策。他自己则每日饮酒对弈,看上去毫无作战准备。派出的探子陆续回来,报告了侦察到的敌情。

一天晚上,韩世忠经过一番乔装改扮,带领部将苏格骑马进入敌营。他们事先已经通过探子了解到敌营的口令,所以没有受到盘查。韩世忠和苏格仔细察看了敌营的情况,然后顺利地回到了宋军大营。经过亲自察看,韩世忠终于想出了一条破敌的妙计。

当天晚上,韩世忠便偷偷派了2000余名精兵埋伏于白面山下,伺机而动。韩世忠亲自带领主力部队向刘忠大营发起进攻。刘忠没想到宋军会趁夜偷袭,顿时慌了手脚,急忙调集起全部人马应战。宋军伏兵见敌人几乎全部出动,去对付正面挑战的宋军,后方空虚,便趁机发起攻击,很快便占领了敌人中军了望台,大声呐喊,并插上宋军的旗帜。刘忠的人马正同宋军战,见后方已被宋军占领,顿时军心大乱、四下逃散。刘忠在乱军中被杀死。

第十二章 符言

一八、韩世忠平叛

南宋时期,扈卫大将军苗傅伙同刘正彦举兵叛乱。叛军逼迫宋高宗退位,想扶持太子继位,并挟迫隆祐太后垂帘听政。太后执意不肯,苗、刘二人再三催逼,最后来高宗只好下诏让位于太子,于是宋钦宗登基。

政变后不久,知枢密院事张浚写了封密信,令心腹悄给韩世忠,约他一道发兵平叛。韩世忠得知这一消息,痛愤不已,亿即率兵赶赴平江,与张浚的兵马合后一处,一齐沿江进发。据守杭州的苗傅、刘正彦闻讯,十分恐慌,忙派兵在临个镇一带阻截,并以宋钦宗的名义命令韩世忠率军北上江阴待命。叛军还将韩世忠夫人梁红玉、儿子韩亮扣押在杭州作人质。

韩世忠为厂迷惑叛军。便在秀州写信给苗、刘二人说:"我的人马经历了几场恶战之后,伤残大多,将士劳累不堪。如今我率军南下去杭州,一方面是为了休整部队,养精蓄锐,另一方面也可以为皇上保驾。"苗、刘二人见信,便放心了。他们下令允许韩世忠率军来杭州,并任命她为节度使,韩世忠坚决辞让。

 鬼谷子

韩世忠假称生病,在秀州停军不前。他一边令部下加紧修造攻城用的云梯等器具,一边积极同其他家将联系,约他们一道兴师平叛。苗、刘二人对韩世忠已经深信不疑了,便同意梁红玉和韩亮二人先去叩见皇太后,然后赴秀州同韩世忠相见。隆祐太后含泪对梁红玉说:"国家已经十分艰难了,望韩将军快来平叛。"

梁红玉到了秀州后,告诉韩世忠杭州方面的防务十分松懈。韩世忠立即统领诸路大军向杭州进发。正巧苗、刘二人派人来传达宋钦宗的圣旨,韩世忠怒斥道:"我只知道高宗皇帝,

不知道什么新皇帝!"说完,下令将使臣推出斩首,挥师直指杭州。

苗傅和刘正彦闻讯,大惊失色,争忙调兵遣将,企图依凭险要防守,并在河道中放置了大批木头,阻塞航道。韩世忠厂令弃船登岸,同叛军决战。守军抵挡不住韩世忠军队的进攻,纷纷溃逃。韩世忠率军乘胜前进,进入了抗州北关。苗、刘二人见大势已去,急忙率领2000精兵逃出杭州城。韩世忠率军紧追不舍,在福建生擒了苗、刘二人。叛乱由此平息。

第十二章 符言

一九、水至清则无鱼，人至察则无徒

"水至清则无鱼，人至察则无徒"比喻水太清洁，鱼无食不能生存；人太苛察计较，便找不到愿意跟从他的人。比喻对人对事不能过于苛求。

此典出自《大戴礼记·子张问入官》："故水至清则无鱼，人至察则无徒。又见《汉书·东方朔传》：水至清则无鱼，人至察则无徒……举大德，郝小过，无求备于一人之义也。"

汉时，班超作为汉朝的使者，出使西域三十余年，团结了几十个国家，抵御了匈奴的入侵，确保了"丝绸之路"的畅通，使汉朝纵横无敌，威名远扬，被封为定远侯。但他待人过严，对部下过于计较，不能原谅别人偶尔犯下的小过失，所以人们虽然佩服他，敬重他，却不爱他，也不喜欢在他手下做事。因此有个朋友劝告他说："你听过这样的谚语没有？'水至清则无鱼，人至察则无徒。'你要求过于严格了，做你下属的人怎么能安心呢？还是从大处着眼，只要不是犯了大错误就原谅一些。"班超听从了这个劝告，果然人们就对他又敬又爱，也安心工作了。

 鬼谷子

二〇、天有不测风云

"天有不测风云"比喻人有难以预料的灾祸。

此典出自《元曲选·无名氏〈合同文字〉第四折》："天有不测风云,人有旦夕祸福。那小厮恰才无病,怎生下在牢里便有病。又见《三国演义》第四十九回。"

周瑜与曹操大战于三江口。曹操兵多,防守严密,周瑜要攻打他,很不容易。为此,诸葛亮和周瑜商量,采用火攻的战略。一切准备工作顺利进行,但周瑜想起现在正是冬季,自己的船停在江南,曹操兵船却在西北,如用火攻,西北风一来,岂不是引火烧身么?周瑜眼见情势危急,无计可施,病倒在床。诸葛亮去探望他,他又不想说实话,只是应付诸葛亮说:"人有旦夕祸福,谁又能保证不生病呢?"而诸葛亮却故意神秘地说:"天有不测风云,人又怎么能料得定呢?"周瑜觉得诸葛亮言外有意,便连忙问有何药方可治他的病。诸葛亮写了十六个字递给周瑜。这十六个字是:"欲破曹公,宜用火攻;万事俱备,只欠东风。"周瑜见诸葛亮早已猜到他的心事,只好告诉他真相,并请诸葛亮告诉他解

危之法。诸葛亮笑笑说:"亮虽不才,曾遇异人,传授奇门遁甲天书,可以呼风唤雨。都督若要东南风时,可于南屏山建一台,名曰'七星坛'……亮于台上作法,借三日三夜大风,助都督用兵,怎么样?"周瑜欣喜若狂,便急忙命令五百精壮兵士往南屏山筑坛。

二一、偷合取容

"偷合取容"指苟且迎合他人,以求容身。

此典出自《史记·白起王翦列传》:"王翦为秦将,夷六国。当是时,翦为宿将,始皇师之,然不能辅秦以建德,固其根本,偷合取容,以至殁身。"

战国末期,在秦国逐步消灭六国、统一中国的战争中,有两个大将发挥了举足轻重的作用。这两个大将,一个叫白起,一个叫王翦。

白起,又称公孙起,郿(今陕西眉县)人。秦昭王时,从左庶长官至大良造。他率领秦军屡战获胜,夺得韩、魏、赵、楚的很多土地。秦昭王二十九年,(公元前278年),他攻克楚都,因功被封为武安君。秦、赵长平之战,他率领的秦军大败赵军,坑杀俘虏四十万

人。后来，秦攻赵都邯郸，因与秦王和相国范雎有矛盾，被逼自杀。

王翦，频阳（今陕西富平东北）人。他先后率军攻破赵国、燕国，攻灭楚国。后封为武成侯。在灭楚战争中，秦王（就是后来的秦始皇）曾问大将李信要用多少人马。李信说，要用二十万。秦王又问王翦，王翦说，必须要用六十万。秦王以为王翦观念陈旧，就拜李信为大将攻楚。王翦因此称病告老还乡。后来，李信兵败，秦王又起用了王翦，王翦于是率军将楚国攻灭。得胜回朝后，仍告老还乡，秦王又拜他的儿子王贲为大将。

司马迁在为白起和王翦作完传记后，写道：人各有长处和短处。白起用兵如神，威震天下，但由于不能迎合秦王和范雎的意见，被逼自杀。王翦虽是富有经验的老将，但在秦统一中国大功告成的情况下，告老还乡，迎合秦王以求容身，直至默默无闻地死去。这就是白起和王翦的短处。

二二、菟裘归计

"菟裘归计"比喻准备告老还乡，或退身、退隐等。

此典出自《左传·隐公十一年》："羽父请杀桓公，

第十二章 符言

将以求大宰。公曰：'为其少故也，吾将授之矣。使营菟裘，吾将老焉。'"

春秋时期，鲁国国君鲁隐公是他父亲鲁惠公的继室所生，按照规矩是不能继承君位的。可是，鲁惠公死的时候，有资格继承君位的桓公（名允，鲁隐公之弟）年龄还小，因此，只得立隐公为太子即位，让他当了国君。

鲁隐公十一年（公元前712年），是鲁隐公执政的第十一个年头，也是他执政的最后一年。这一年的一天，鲁国大夫羽父要求隐公杀掉桓公，让自己得到太宰的官职。隐公说："因为他以前年龄小，我才代为摄政。现在，我就要把君位交付给他了。我准备让人在菟裘那个地方营造房屋，我晚年就在那里养老了。"

听了隐公的话，羽父感到非常恐惧，反过来又去桓公面前诬陷隐公，请求桓公杀掉隐公。这一年的十一月十五日，羽父派人刺杀了隐公，隐公的退身之计还没来得及实现，就魂归西天了。

符言第四

人主不可不周①，人主不周，则群臣生乱。寂乎②其无常也，内外不通，安知所开？开闭不善，不见原也③。右主周④。

一曰长目⑤，二曰飞耳⑥，三曰树明⑦。千里之外，隐微之中，是谓"洞"天下奸，莫不谙变更。右主参⑧。

循名而为⑨实，安而完；名实相生，反相为情；故曰："名当则生于实，实生于理，理生于名实之德，和生于当。"右主名⑩。

【注释】

①不可不周：君主必须广泛知道世间的一切道理。

②寂乎：形容没有人声，很安静。

③不见原也：不知道为善的源头。

第十二章 符言

④主周：为君主者必须遵循事物本身的规律。

⑤长目：能看到很远的事物，犹如千里眼。

⑥飞耳：用天下之耳来听。

⑦树明：用天下之心来想。

⑧主参：是君主所应该用的各种东西。这就是长目、飞耳、树明。

⑨循名而为：探采符合名分的行动。

⑩主名：君主必须探取恰如其分进行统治的技术。

【译文】

君主必须考虑到世间的一切情况，假如君主不能全面地了解一切，不明情达理，那么群臣就会造反生乱子，家业就会变化无常了。如果消息内外闭塞不通，又怎能知道天下大事的演变，又怎能知道如何行动？假如不善于掌握开合之术，就无法发现事物的本质。以上讲的是君主要全面地了解各种情况。

君主还要能采用三种措施：一是使自己如何看得更远；二是使自己如何听得更广；三是使心能洞察一切，用天下之心来思考。能够了解千里之外的情况，了解隐伏细小的事，这就叫做洞察。如果能够洞察天下一切，那么天下那些为非作歹的人，都会暗中悄悄地改变自己

的恶劣行为。以上讲的怎样参验洞察一切。

按照名分去做事，按照事实来决定。名分是从实际中派生的，客观实际产生事物名分，二者相互助长，相辅相成，这本是事物常理。所以说，适当的名分产生于客观事物的实际，客观事物的把握取决于客观事物的内在规律。事理从名分和实在的德中产生，德从和谐中产生，和谐从恰当中产生。以上所讲是如何把握住名分。

【感悟】

做为君主，必须使自己的耳目遍于天下，这样才能消息灵通，下情达于主上，使自己不至于被蒙蔽。同时，君主还要注意修炼自己的德性，做到名实相符，遵照客观规律办事，这样处理事情才不至于处置失当。

【故事】

一、唾面自干

"唾面自干"表示逆来顺受，忍受侮辱，而不敢与别人计较。也形容人的气量大，不与别人计较。

此典出自《新唐书·娄师德传》：弟曰："'人有唾面，洁之乃已。'师德曰：'未也。洁之，是违其怒，正

第十二章 符言

使自干耳。'"

娄师德,字宗仁,唐代郑州原武人。唐高宗(李治)上元(公元674~676年)初年,娄师德任监察御史,适逢吐蕃侵扰边境,唐将刘审礼战死,娄师德奉命到洮河聚集败逃的士兵,并招募猛士讨伐吐蕃,立下战功,被提升为殿中侍御史,兼河源军司马,并负责军队营田的事务。武则天天授初年(公元690~692年),娄师德任左金吾将军,他率领士兵屯田,积贮粮食数百万,不仅军队吃用不愁,还省下了转运粮食的费用。武则天非常赞赏他,下诏表示慰劳。武则天对娄师德说:"军队在边境,必靠营田才能自给。可是您不要过于操劳了。"于是,又命他为河源、积石、怀远的军队和河州、兰州、鄯州、廓州的检校营田大使。

娄师德身长八尺,方口厚唇。为人厚道,有度量,如果有人触犯了他,他就表示谦让,不与别人发生争执,怒意不形于色。他曾经与李昭德一起行走,娄师德长得很胖,走不快,李昭德嫌他走得慢,生气地说:"都让你这个田舍郎把时间耽误了。"娄师德笑着说:"我不种田,还有谁种田呢?"他的弟弟被任为代州都督,去上任的时候,娄师德教他不论做什么事情都要有

耐性。弟弟说:"假如有人把唾沫吐在我脸上,我把它擦掉就算了"娄师德说:"不对。您把唾沫擦掉,就是违背了别人的怒意,要让唾沫自行干掉"

二、万金之患

"万金之患"讽谕了患得患失者的失败。
此典出自《苻子》。

夏王想叫后羿对准一块一平方尺大小的兽皮箭靶和直径一寸的靶心射箭,就对后羿说:"你射这个靶心,射中了,就赏给你一万金的货币;射不中,就减你一千邑的封地。"后羿听了夏王的话,神情不安,非常紧张,于是拉开弓去射靶心,第一箭没有射中;再射一箭,又没有射中。

夏王便对保傅弥仁说:"这个后羿呀,平日射箭,百发百中,可是这次跟他定了赏罚,就射不中了,这是什么原因?"

保傅弥仁回答说:"他呀,高兴与恐惧的心理成为他的灾害,万金的赏赐成了他的祸患了。如果一个人能够排除欢喜和恐惧的矛盾心理,去除万金赏赐的私心杂念,那么,普天下的人们便都能够成为像后羿那样的射手了!"

三、亡戟得矛

后人用"亡戟得矛"比喻得失相当。

此典出自《吕氏春秋·离俗》:"平阿之余子,亡戟得矛,却而去,不自快。"

古代时,齐国和晋国发生了战争。有个来自平阿(今安徽怀远县西南)的小兵在两军混战中弄丢了手中武器戟,但他捡了一枝矛。虽然是这样,他心里还是不安,到底要不要这枝矛也拿不定主意。这时,迎面走来一个人。他问道:"我丢失了一枝戟,但又捡回来一枝矛,您认为我能归队吗?"这个人说:"戟是兵器,矛也是兵器,丢失了一件兵器,又捡回来一件兵器,为什么不能归队呢?"

四、亡赖附鬼

"亡赖附鬼"尖刻地嘲讽了卖身投靠、为虎作伥的无赖汉及其丑恶嘴脸。

此典出自《伯牙琴》。

鬼谷子

有一个楚地恶鬼降到齐地来，说道："天帝派人来统治这块土地，我能够为你们降祸赐福！"人们非常畏惧他，只得唯命是从，并将鬼供奉在庙里，天天杀牲祭祀，拿着钱物去献给它。

街市上一些流氓无赖纷纷依附恶鬼，把自己的身躯当做奴婢贱妾一样，还不满足，又让他们的妻子和女儿供它使唤。鬼气侵入，他们的言语举动都和恶鬼一模一样。于是，他们便依附鬼势，加倍危害齐地的百姓。凡是不肯依附鬼势的人们必定会遭到灾祸。齐地的老百姓因此陷入了沉重的灾难之中。

天神听说了这件事，从天而降，气愤而讽笑地说道："这样的妖魔鬼怪，竟然被供在庙里，享受着人们的奉祭，还在这里作威作福不止！"说罢就发出霹雳，劈倒了庙宇，震死了所有的流氓无赖，从此楚地来的鬼祸便被平息了。

这些家伙以为恶鬼的气势是可以永远依靠的吗！

五、孙膑赛马

"孙膑赛马"表示斗争的双方虽然势均力敌，但只要善于使用力量，还是可以取得胜利的。

第十二章 符言

此典出自《史记·孙子吴起列传》:"今以君之下驷与彼之上驷,取君之上驷与彼之中驷,取君之中驷与彼之下驷。"

战国时,齐国大将田忌常与王族赛马。他们双方马力都差不多,都有上中下三等马。假如以上等马对上等马,下等马对下等马,田忌要想取胜就太困难了。这时,孙膑正在田忌家里作客,田忌便向孙膑求教。孙膑告诉他说:"今以君之下驷与彼之上驷,取君之上驷与彼之中驷,取君之中驷与彼之下驷。"意思是:现在用你的下等马去对王族的上等马,以你的上等马去对王族的中等马,以你的中等马去对王族的下等马。田忌采用孙膑的办法,果然是败了一次,胜了两次。后来,田忌便向齐威王推荐孙膑,齐威王便尊孙膑为师。

六、孙庞斗智

"孙膑斗智"比喻彼此钩心斗角,互用计谋。

此典出自《史记·孙子吴起列传》。

战国时期,鬼谷先生收了很多门徒,有的学兵法,有的学诡辩。有两个徒弟,一个叫孙膑,一个叫庞涓。

都学兵法。孙膑为人和善，庞涓则猜忌孙膑，庞涓听说魏王出榜招贤，就辞别老师，回国效力。临行前，与孙膑告别，对孙膑说，只要能得到魏王重用，立即推荐孙膑，共事魏王。庞涓本是魏国人，揭榜面君，把他在鬼谷子门下所学的兵书战策，对魏惠王滔滔不绝地讲了一遍，魏王大喜，拜为大将，兼当军师。立即出兵侵伐卫、宋等弱小国家，连战皆捷，鲁、郑等各国也相继来朝。

一天，墨子往游鬼谷山，见到孙膑，非常赞赏他的才能，就把他推荐给魏惠王。魏王问庞涓是否认识孙膑，庞涓只得说："臣早有荐孙膑之心，只因他是齐国人，恐其不能为魏国效忠，所以没有举荐。"魏惠王说："士为知己者死，何分国籍？"庞涓说："大王既有意延揽孙膑，臣当作书召之。"实际上庞涓根本不想让孙膑来到魏国，唯恐孙膑分其权柄，夺其爱宠，但事已至此，只得下函召孙膑来魏。

孙膑到了魏国，庞涓觉得自己的才智远不如孙膑，心里非常忌妒，便假造了种种罪名，说孙膑私通齐国，出卖魏国，魏王盛怒之下把孙膑判处了切去膝盖的刑法，并在脸上刺字，使其永无出头之日。

第十二章　符言

孙膑起初不知道是庞涓罗织罪名陷害自己，知道事情的真相以后，自知性命难保，就装疯卖傻，逃过了庞涓的耳目。后来齐国使臣来到魏国，其中有墨子的弟子禽滑，他把孙膑藏在车里，带回齐国。齐国大将田忌，早就听说了孙膑是个人才，于是就把他推荐给齐威王。齐威王问了许多问题，孙膑对答如流，威王非常高兴就想授他官职，孙膑说："臣无尺寸功，安敢受爵，且庞涓闻臣在齐，又起猜妒；不如姑隐其事，容臣日后效力。"齐王答应了孙膑的请求，叫他住在田忌府中。

不久，魏王派遣庞涓伐赵，赵国向齐国求援，齐王派田忌为将，孙膑为军师，用"围魏救赵"的计策，迫退魏兵。

不久，魏王又派遣太子申与庞涓攻韩，韩又向齐求救。这时齐威王已死，齐宣王继位，仍命田忌为将，孙膑为军师，救韩御魏。

孙膑对田忌说："魏国军队，素称强悍，且轻视齐兵。我们就利用他们这种看法，诱其中计。我军进入魏境，用减灶之法，第一天造十万个锅灶，第二天造五万个，第三天造三万个，让敌人以为我们军队日渐减少，使其舍命穷追，我设伏擒之。"

田忌采用了孙膑的计策,庞涓果然以为齐兵天天在逃散,不到三天已逃了一半。于是不用步兵,以轻骑兵一天飞奔三天的路,尽力追赶。

孙膑预先在马陵的夹道,埋伏下弓箭手,计算出庞涓夜间一定会来到这个地方。他在道中一棵大树上,剥了树皮刻字,嘱咐弓弩手,见火起处,乱箭射之。

庞涓果然晚上来到这里,见大树上有字,星光下看不清楚,急命举火视之,原来是"庞涓死于此树之下"八个大字。庞消大惊,正待回马,忽闻四面弓弦响,乱箭射来,庞涓叹曰:"我没有杀得了孙膑,反被孙膑杀了,使竖子成名!"遂自刎死。

七、太公钓鱼,愿者上钩

"太公钓鱼,愿者上钩"比喻心甘情愿地进入圈套。此典出自《武王伐纣平话》:"姜尚因命守时,直钩钓渭水之鱼,不用香饵之食,离水面三尺,尚自言曰:'负命者上钩来!'"

商代最后一个君主纣王,暴虐无道,荒淫无度,骄奢淫逸,甚至无故杀害百姓,。姜子牙看到纣王如此胡

第十二章 符言

作非为,便弃官而逃,隐居在渭水河畔。这里是诸侯姬昌的势力范围。

姜子牙知道姬昌胸怀大志,求贤若渴,就在渭水边"钓鱼"。一般人钓鱼用的是弯钩,弯钩上面挂着鱼饵,把鱼钩放入水中,诱骗鱼儿上钩。可是姜子牙的鱼钩却是直的,上面也不放鱼饵,而且离开水面足有三尺高。他一边高举鱼竿,一边自言自语地说:"不愿活的鱼儿,你要找死就自己上钩吧!"姜子牙与众不同的钓鱼方法,很快传到姬昌那里。

姬昌觉得这个人非常古怪,就派士兵去叫他。姜子牙见士兵前来,丝毫不理睬,边钓鱼边说道:"钓,钓,钓!鱼儿不上钩,虾米瞎胡闹!"士兵见此情景,只好回去禀报姬昌。姬昌更加觉得这个人古怪不凡,于是派官员前往迎请。姜子牙见了,仍然不加理睬,他一边钓鱼一边说:"钓,钓,钓!大鱼不上钩,小鱼瞎胡闹!"官员见此情形,又立即回去禀报姬昌。姬昌觉得这个人一定是个非凡的人才。于是,他带上厚礼,亲自去请姜子牙。姜子牙见他求贤确实是诚心诚意,便答应为他效劳。

姜子牙入朝后,被姬昌封为太公,做自己的军师,

又提升为丞相。

后来,姜子牙辅佐文王、武王,讨伐纣王,终于灭掉了纣王,建立了周朝。

八、春秋平阴之战

齐灵公二十七年,公元前555年,冬,十月,诸侯联军讨伐齐国。这一次,各国国君亲自出马,晋平公、鲁襄公、卫殇公、郑悼公、曹成公,以及邾国、滕国、薛国、杞国、小邾子国的诸侯首领。晋国是因为齐国不服从指挥,其他各国多半是因为被齐国欺负得没有办法,大伙儿都认为是时候了该给齐国一个教训了。

联军兵分两路,主力部队由晋国大夫荀偃指挥,晋国参战将领有魏绛、范宣子、栾盈、赵武、韩起分别率领上中下三军,从晋国越黄河一路打过来,攻取齐国西部;另一路是鲁国和莒国的军队,从鲁国北面悄悄地进入齐国南部,准备直取都成临淄——明攻和偷袭结合,被齐国欺负得太狠的鲁国发誓报仇。

春秋时代,齐国最先筑长城防御外来侵略,依山势走向,绵延百里,坚不可摧。听说联军来势汹汹,齐灵

第十二章　符言

公亲自到平阴（今山东济南市北郊）边关督阵，在广里（山东济南郊区）修筑关防，山高地险，一夫当关，万夫莫开。

荀偃率领军队浩浩荡荡打到齐长城下，两山之间的一个关卡，这里是通往齐国腹心地带的咽喉，没有别的办法可想，命令军队冒死向前，只许强攻，不许后退！

齐灵公命令军队出关迎战，敌不住联军的锐气，齐军将士在城门死亡无数，只得紧闭城门拒不出战，攻守双方在平阴僵持了近一个月，继续耗下去对联军不利。

范宣子派出暗探给旧时好友齐国大臣析归父送信，说："看在咱俩的情分上，我透露给你一个消息：鲁国和莒国一千乘战车从南面准备攻取临淄，如果你们还不赶快回去守住你们的都城，可能马上就无家可归了。"

这析归父也不辩真假，赶忙找到齐灵公，如此这般地报告一番，灵公一听慌了，准备弃关不守，回去守住都城。随军的晏婴说："君王您本来就不是一个勇敢的人，如今听到这么一个消息，我看这个关卡是守不住了。"

齐灵公听这一说犹豫不决，第二天特意登上山顶往

 鬼谷子

关卡外这么一看，只见远方征尘滚滚，不知有多少辆战车正在向这边奔驰而来，吓得大惊失色，说："不能怪我不勇敢，晋军兵力太盛，我们守不住啊！"

原来，晋帅荀偃故意布下了疑兵阵，马尾巴上栓树枝，让人赶着马飞跑，远远看去，如战车千乘滚滚而来。

当天晚上，齐灵公逃出平阴城。

晋国乐师师旷跟随晋军出征，这天早上，他对晋平公说："齐军撤退了，今天清晨，鸟儿的叫声非常欢快。"

从鸟的鸣叫声中判断敌军的动向，这是古代战争情报获取的一种方法，如猎人狩猎，依靠原始自然的痕迹来判断猎物的出没。师旷是古代著名的音乐大师，是晋悼公和晋平公最宠爱的宫廷乐师，他对音乐的理解出神入化，有着一般人所没有的极为敏锐的听觉，所以，他能从大自然的音响中辨别出他所需要的信息。

齐军沿山中狭路往东奔逃，沿路杀死马匹推翻战车，堵在山凹间，想堵塞住联军的通道，但，哪里堵得住。联军进入平阴，跟在溃逃的齐军后面一路猛追，穿过北部山地就是东部平原，联军的战车向前行驶得飞快，朝着临淄的方向直扑过来，没有几天，齐国全境遍

第十二章 符言

布入侵者每一个城市都危在旦夕。

荀偃和范宣子率领中军攻下京兹（今山东长清县南部），魏绛和栾盈率领下军攻下邿邑（今山东长清县五峰山一带），赵武和韩起率领上军攻打高厚驻守的卢邑（高氏封邑，今山东长清县归德）没能攻破。

中行献子抛下刚刚攻取的城池，率领军队火速东进来到临淄城下。

联军节节胜战的消息传到临淄，齐灵公惊慌失措，命人套上马车，出宫门爬上车准备逃走，正在这时，太子光赶到，抽出佩剑，一剑砍断马脖子上的皮套，拽住车子不让父亲走，说：

"您身为一国之君，弃都城而逃，大臣和百姓将会怎样看您？再说，您也不必惊慌，联军进攻速度太快，估计很快就会撤军，他们并不想攻占齐国，只是在逼我们低头服输罢了。"

齐灵公回到王宫，躲进屋子里唉声叹气，身体发虚，精力不支，一病不起，让姜光代替自己指挥临淄守卫战。

联军向临淄东南西北几个城门发起进攻，齐国大臣带领私家军队坚守城门各自为战，联军想速战速决，齐

 鬼谷子

军保家卫国，双方死伤惨烈。十二月，临淄城还没有被攻破，联军在城郊大举烧杀抢掠，齐国民众陷入战争火海。

郑国和晋国搅到一起，楚国不高兴了，乘着郑简公外出参战的空隙，楚康王率军攻打郑国。

战争一直进行到第二年的正月，太子光说的没错，联军已经坚持不下去了，主帅中行献子病情突然加重，不久死在军营之中，由范宣子接替主帅职务。

联军撤出齐国有几个说法：一个说法是，楚国攻打郑国，郑简公希望联军撤出齐国援救郑国；另一说法是，晋军主帅中行献子身患重病急于撤兵回国；第三个说法，范宣子听说齐灵公重病，遵照当时礼仪，兵不伐病丧之国，所以传令联军撤退。无论哪个说法，联军确实没有消灭齐国的打算——春秋时期并不是秦王统一中国的时期，春秋诸侯战争，基本上就是几个利益集团的相互争斗，打来打去，打到对方低头求饶就罢兵戈。

第二年春天，战争结束，齐国被迫和诸侯国在督扬（今东济南城郊）签订盟约，内容是"大毋侵小"，就是大国不许侵犯小国，这个条约当然是针对齐国。

九、庆封的专政

齐景公二年,春天,齐候委托庆封去鲁国替自己求亲,齐国和鲁国世代联姻也是老规矩了,景公也不会例外。

庆封来到曲阜,乘车从城中心经过,车驾装饰豪华令路人炫目,那架势似乎是某大国国君出行。

这一年,九月,庆封利用崔杼父子间的矛盾,派亲信大臣卢蒲嫳率兵诛杀崔杼的两个儿子,攻下崔氏封地,抢光钱财,灭崔氏一族,崔杼的妻子自杀。崔杼回家,见家室空空,家人死绝,悲痛不已,感到人生没有意义,于是自杀。

崔杼死后,庆封独揽齐国大权,骄奢淫逸,骄横拔扈,欺凌公卿大臣,凌驾君侯之上,比崔氏当朝更加不如。

曾经受到齐庄公宠信的齐国大夫陈文子对儿子陈桓子说:"齐国的内乱又要开始了,我们怎么办呢?"

陈桓子胸有成竹地回答:"父亲,您别担心,我们田氏家族自然会得到应该得的东西。"

 鬼谷子

陈文子，陈公子完的后代，也称田文子，齐国田氏君王的先祖，儿子陈无宇娶齐庄公的女儿为妻，田氏世家和齐侯世代私交亲密——崔杼弑君，庆封专权，直接侵害公卿世族的利益，所以才招来杀身之祸。

齐景公三年，庆封成天在临淄郊外打猎喝酒，晚上也不回城，住城郊卢蒲嫳庄园，饮酒作乐，交换妻妾，无所不为，就是不理朝政，把国事交给儿子庆舍去打理，大臣们如果有事汇报，就得跑到城外卢蒲嫳的别墅去。

齐国大夫卢蒲嫳，几年前帮助庆氏剿灭崔氏有功，成为庆封最宠信的臣子，这天，见庆封玩到兴头上，开口说情，让自己流亡在外的兄长卢蒲癸回来。庆封一口答应。

不久，卢蒲癸和王何先后回国，担任庆舍的卫士，一人执一支长戈，从早到晚，一左一右，贴身侍候。

临淄城的百姓看见，背后鄙视道："瞧这两个人，身长八尺，武艺过人，当年侍奉君侯，今天跑回来侍候庆氏，真是两条丧家狗，谁给吃的就认谁是主。"

秋天，九月，子雅和子尾当值，庆舍派来的厨子对这两位大臣很不恭敬，当值官员的公膳，按规定是两只

第十二章　符言

鸡，结果给换成两只鸭，而且在厨房把鸭肉捞出来啃干净了，端上来两碗鸭骨头清汤。

两位公孙烦了，骂道："什么东西，敢于藐视公卿大臣，现在齐国，小人当权，公孙受困，什么世道？"

子雅和子尾是齐惠公的孙子，地道齐公室宗亲，早就看不上庆氏家族的作为，今天这一口气实在是咽不下去。

历史上许多变故的发生，往往因为一件很小的事，例如上面说到的鸡和鸭，但是，接下来，庆氏家族的灭亡，难道仅仅是因为这件小事？

冬天，十一月，庆封率领亲信大臣照例在城外打猎，陈桓子随行，走到半道，接到父亲陈文子派人送来的口信：母亲病重，立刻回城。

庆封不大相信，以为他懒得陪自己打猎，命随行的巫师算了一个卦："今天有人会死，是个大凶之卦。"

陈无宇年轻，天生鬼机灵，从巫师手中一把抢过龟壳，抱着放声大哭：

"来不及见到母亲了"，其实他早知道，死在今天的人，不是自己的母亲，而是庆封的儿子。

庆封嫌烦："还不快滚！我这里也不少你一个。"

鬼谷子

陈桓子带着亲兵驾起车回头就跑,沿路烧掉河上的木桥和河边的渡船,跑进城来,命令守城将士把四个城门统统关上。

就在这一天,齐国君臣照例在大公庙举行一年一度的祭祖仪式,今年的祭祀典礼由庆舍主持,祭祀仪式结束之后,按照惯例,优人开始表演歌舞。

大殿前,优人在买力地表演,隔一个空场,齐景公和一群臣子坐在正对面,田氏、高氏、鲍氏,栾氏四大家族的武士早已混在大庙内的优人和兵士之中。

庆舍车驾的几匹马最容易受惊,随行护卫把马牵到大殿外去栓住了,然后大家都把盔甲解开,坐在大殿两侧,边看优伶演出边喝酒。

演出中途,看客兴致正浓,酒也喝得正酣,子雅站起身来,抽出殿下的橡木,在门扇上"嘭、嘭、嘭"敲了三下,呼拉一声,台上的优人和台下的看客,一个个从衣服底下抽出刀剑,跳起来扑向庆氏兵卒。

说时迟那时快,卢蒲癸和王何一个在后一个在前,手执长戈向庆舍刺去,庆舍大吃一惊,身子一闪,左肩被砍伤,他万万没有料到,和自己日夜相伴的两个卫士,原来都是卧底。当初,他们回国,目的只有一个,

第十二章　符言

就是为死去的庄公报仇！身为齐侯卫士，庄公的死令他们心痛欲焚耻辱万分，今天，是血债血还的时候了。

等到庆舍明白，一切为时已晚，他，还有他的父亲庆封，一直以来都这么认为：有权就有一切，有钱就能买到一切，包括人心，这世上的一切，可以由他们父子任意摆布，所以，有恃无恐，所以，为所欲为，他们之所以蠢，是因为他们不懂，这世上，除了贪婪和畏缩，还有忠义和勇气。

庆舍是个武将，身若铁铸，力大无穷，拉着橡木站稳身子，抓起檐下的瓦和桌上的铜壶一顿猛砸，砸死好几个人，但毕竟寡不敌众，被冲上前来的武士团团围住，刀剑戈矛一起上，乱砍乱刺，一会儿就成一堆肉泥。

刚才，还是钟鼓和鸣、歌吹乐舞，突然间，刀剑相击，血肉横飞，齐景公吓得魂不附体，以为会像齐庄公那样糊里糊涂地被人杀死。身边的鲍国说："主公不要惊慌，我们这样做也是为了您好！"陈文子叫宫中侍从赶紧备车，护着齐景公回宫去了。

庆封打猎回来，途中听说城中变乱，领着军队慌忙往回赶，一路上，桥也没了，船也没了，猜到是陈无宇这小子干得好事。延误了半天才来到城门外,只见临淄城东南西北四门紧闭,赶紧攻城,西门没有攻破,转到北门,攻进城内,一直打到宫殿门口。

宫廷卫士和四大家族的亲兵联合起来拼死抵抗,庆封强攻宫门数次也没能攻进去,临淄城的百姓也拿起武器从背后袭击庆封的军队。

大势已去,庆氏兵将再也不愿卖命,纷纷作鸟兽散。庆封见情势无可挽回,策马飞车逃出临淄城。

崔杼庆封十年专权自此结束。

一〇、冯衍劝廉丹

冯衍字敬通,京兆杜陵人氏。祖父野王汉元帝时曾官至大鸿胪。冯衍自幼有奇才,9岁便能背诵《诗经》,到20岁便博览群书,通晓古今。王莽篡位时,很多人举荐他出来作官,冯衍坚决不肯。

当时天下兵祸大起,王莽派更始将军廉丹讨伐山东。廉丹征招冯衍为官,并与他一起到了定陶这个地方。王莽的诏书追到定陶,诏书中说:"仓储已经耗尽,国库已经空虚,我非常愤怒,也非常着急。将军你受国

第十二章 符言

家的重托,如果不拼死而捐躯于中原,就不能报答国家委于你的重任。"廉丹看后诚惶诚恐,连夜把冯衍召来,把诏书给他看。冯衍看后劝说廉丹:"我听说顺应潮流而成功的人是得益天道的辅助,逆潮流而成功的人只是暂时的胜利。所以你只是追求成功而不问成功的原委,既有悖于国家利益也不利于眼前的成败。战国时逢丑父代君而死的故事受到诸侯的赞颂,春秋时郑大夫祭仲立突公子废忽公子保全国家不亡的美名传颂一时。以自己的死换取君王的生,用变通的办法让要灭亡的国家得以生存,这是君子之道。力排众议,保存国家的安宁是明智之举。

所以《易经》中说:'无路可走就要想到变,变了才能通,有了新的出路才能使成功持久,这是因为上天在辅助你,吉人自有天助。'如果你知道不能胜还要去战,破军残兵必败无疑,这对你的主人一点好处也没有,你身死之日便是你负义之时,聪明人不去干这种事,勇敢的人也不会打这种仗。我听说这事后也觉得你应该抓住时机,当机立断。张良的祖辈五代扶助韩国,秦始皇灭韩后,张良求得力士想把秦始皇打死在博浪这个地方,他的勇敢超过了古代的贲和育这两个勇士,他

的名声高于泰山。将军的先辈是汉室的信臣，王莽的新朝建立后，你家族的功名也不复存在了。现在天下大乱，人民怀念汉代的功德超过了《诗经》中甘棠诗的作者思念召公的功德，何况他们的子孙呢？人民所拥戴的，上天肯定会辅助它。

现在如果为将军考虑，还不如屯兵不动，占据一块地盘，安抚官兵，稳定军心，操练兵士，在方园百里之地摆酒设宴，接纳各路英雄豪杰，征询各种计谋良策，设法找络以后的人心，静观事态的变化，这样才能为民除害，与国与民有利，这样你的功德将流芳千古，你的名声将万民传诵。为什么要和军队一起败于中原，抛尸于野草丛中，落得个身败名裂，还使先祖蒙受耻辱呢？圣明之人应该能转祸为福，聪明之士应该能反败为功，希望你头脑清醒深思熟虑不要与俗人一般见识。"廉丹听不进去，发兵进逼睢阳，冯衍再次劝说廉丹："明智之人在事情尚未发生之前就应当预见得到，何况此事的结果已经清清楚楚摆在你面前！灾祸往往都起于细微的疏忽，机不可失，时不再来，一旦兵败后悔可就来不及了。公孙鞅说：'有独到见解的高明之人能把事情最坏的结果摆出来'，你听信庸人之论而不信金玉良言；你

第十二章 符言

染上了现今不好的风气,失去了高明的德行。当机立断是聪明人,优柔寡断者只能被人牵着鼻子走,这种时机不会有第二次了,你别再犹豫了。"廉丹不听,进兵无盐,最后在与赤眉军交战中身亡。冯衍逃到黄河东边去了。

一一、孟达劝告刘封

刘封本是罗侯寇氏的儿子,长沙郡刘氏的外甥。刘备到荆州,因为没有后代继承,收养刘封为儿子。到刘备进入蜀地,从葭萌回击刘璋,当时刘封已有二十多岁,有武艺,力气超人,率兵与诸葛亮、张飞一起逆流西上,他所指挥的战斗都取得胜利。益州平定以后,任命刘封为副军中郎将。

当初,刘璋派扶风人孟达作法正的副手,各率兵两千人,去迎接刘备,刘备因而命令孟达统领他们所有的人马,留驻江陵。蜀地平定后,任命孟达为宜都太守。建安二十四年(公元219年),刘备命令孟达从秭归北攻房陵,房陵太守蒯祺被孟达的士兵杀害。孟达将要进攻上庸,刘备暗中担心孟达难以独担此任,于是派刘封

从汉中顺沔水而下统领孟达的军队,与孟达在上庸相会。上庸太守申耽率领全体部众投降,将其妻室儿女及宗族中的人送到成都拜见刘备。刘备加封申耽为征北将军,并像往昔那样兼任上庸太守和员乡侯,以申耽的弟弟申仪为建信将军、西城太守,升刘封为副军将军。自从关羽围樊城、襄阳,多次招呼刘封、孟达,命令他们发兵救援自己,刘封、孟达以山地的郡县刚刚归服,不能动摇为由推辞,不接受关羽的命令。恰逢关羽全军覆灭,刘备痛恨他们。又加上刘封与孟达愤争不和,刘封不久夺走了孟达出行时的仪仗乐队,孟达既害怕因不去救援关羽得罪,又愤恨刘封的作为。于是上表给刘备告辞,率所统领的军队投降了魏国。魏文帝欣赏孟达的资才容貌,任命他为散骑常侍、建武将军,封为平阳亭侯。合房陵、上庸、西城三郡为新城郡,以孟达兼任新城太守。又派征南将军夏侯尚、左将军徐晃和孟达共同袭击刘封。孟

达给刘封的信说:古人有句话"关系疏远的人不能离间亲密的人,新认识的人不能超过以前的好友。这就叫做君上贤明而臣下正直,说别人坏话的恶念不能施行。至于那些富有权谋机敏诡诈的君主,贤明慈爱的父

第十二章　符言

母，尚且有忠臣建功而遭祸，孝子有仁德而遇难的情况，文种、商鞅、白起、孝已、伯奇，都是这一类人。他们之所以如此，不是至亲骨肉喜欢分离，亲戚乐于患难。有的是由于恩情迁移爱心改变，有的是因有谗言在其中离间，这样即使忠臣也不能改变君主的做法，即使孝子也不能使父亲改变态度。权势和利益加在一起，可以变亲人为仇敌，更何况不是亲戚呢？所以申生、卫伋、御寇、楚建禀承接受形体的元气，处于继立为太子的正位，还是如此。现在你与汉中王，不过是路上相遇的人罢了，说亲不是骨肉而你却占有权势，税义不是君臣而你却处于上位，出征时你有独当一面的威势，驻扎时你有副军的称号，这是远近的人都听说的。自从立阿斗作为王太子以来，有识之士都感到寒心恐惧。倘使让中生听从子舆的话，必定成为太伯；卫伋听从他弟弟的计谋，也不会被人讥笑为出父亲的丑。况且小白出奔在外，回国成为霸主；重耳翻墙逃命，终能恢复君位。自古就有，不只是今天才发生的。

　　聪慧的人贵在能免除祸患，英明的人注重及早通达，我揣测汉中王内心已打定了主意，对外边的人已产生了怀疑；主意定了心就固执，产生了怀疑心就恐惶，

叛乱祸患的出现,没有不是由于废黜和扶立之类的事情。私人的怨恨和人情,不可能不反映出来,恐怕你左右的人已有向汉中王挑拨离间的了。这样怀疑既已构成、怨恨既已反映出来,那么发难就像踩在机关上一样容易。现在你身处远地,尚可暂时喘息一下;如果大军开进,你失去据守之地再退回时,我私下认为会给你带来危险的。以前微子离开殷,智果告别他的宗族,离祸避难,尚且都是如此。如今作背弃父母而成为人家的后嗣,这不能叫作和;知道祸患将到而留滞不去,这不明智;看见正道不走却怀疑它,这是不义。自己号称为大丈夫,却做出这不礼、不智、不义的三种事,有什么可贵之处呢?以你的才干,舍身东来,继承罗侯的后裔,不能算是背叛父母;作为臣下侍奉君主,以端正法度,不能叫做背弃旧约;发怒而不导致祸乱,以免除危亡,不能叫做徒劳。加上陛下新即王位,虚心招致贤才,以德行使远方的人归服,如果您很快归服曹操,不只是和我一样,享受三百户的封赐,继承罗国爵命,应当进一步把统辖大国的符节分给您,成为第一个被封的君王。陛下的大军金鼓震天,将把都城转移到宛县、邓县;如果不把两个敌手消灭,大军就不会回去。你应该趁这个

第十二章 符言

时机早早定下良计。《易经》有"见到高贵的人物便有好处",《诗经》有"自己去谋求幸福",可以这样做了!现在您好自为之,不要使我像狐突那样关门不出。

刘封没有听从孟达的劝告。

申仪背叛刘封,刘封军败逃回成都。申耽投降魏国,魏国让申耽代理怀集将军,移居南阳,申仪任魏兴太守,封员乡侯,驻扎在洵口。刘封回到成都以后,刘备责备刘封欺侮孟达,又不援救关羽。诸葛亮考虑到刘封刚猛,换代之后终究难以驾驭,劝刘备乘机除掉他。于是刘备赐刘封死,让他自杀。刘封叹息说:"我遗憾没有听信孟子度的话!"刘备为这事流泪。孟达本来字子敬,避刘备叔父敬讳,改为子度。

一二、被诬陷的太子痤

先秦时代,宋平公十分宠爱妃子弃,和她生下公子佐。公子佐长得十分难看,让人一看就产生反感,但其心地却异常善良,性情十分温和。相形之下,宋平公的太子痤虽然生得英俊,但心地却很凶狠,对待臣下态度比较粗暴。正因为兄弟之间性格的这种反差,使得朝中

大臣都比较喜欢公子佐，而讨厌太子痤，这其中也包括左师、向戌等一些朝中举足轻重的人物。

朝臣对于太子痤的厌恶情绪很快被寺人伊戾察觉。伊戾是太子的内师，很受太子信任，但一方面太子虽然信任他，对他的态度却也时常粗暴，另一方面伊戾也很想创造机会谋取更大的权力，因此内心里逐渐滋长起废除太子的念头。他希望利用向戌等大臣对于太子痤的厌恶情绪，设下陷阱废掉痤，改立公子佐为太子，这样事成之后他就是理所当然的有功之臣。于是，伊戾和向戌等人暗中透风，彼此心中很快有了默契。

宋平公二十九年秋天，楚国使者到晋国访问，途经宋国。太子痤与这位使者是老朋友，因此向平公请求在郊外设宴招待楚使。平公答应了他的请求。这时候，寺人伊戾心中已有计策，就提出陪同太子一起前往，宋平公很奇怪，就问伊戾："你不是嫌太子有时对你不尊重吗？"伊戾装出严肃而又忠诚的样子，回答说："小人侍奉君子，受宠爱不敢亲近，受讨厌不敢远离，我侍奉太子哪里敢三心二意呢？陪同前去是我的职责。"这一番话不仅说服了宋平公，而且也让太子痤颇为感动，打消了对他的疑虑。于是伊戾就陪太子痤一同前往郊外。到

第十二章 符言

了相会的地点,太子痤忙着招待宾客,伊戾就暗中让人挖了个坑,在坑内杀了使者,又把事先伪造好的盟书放在使者上面,使人看似盟誓的样子。把这一切都做好之后,伊戾马上驱车疾速返回国都,面对宋平公,诬告太子痤说:"报告陛下,我随太子前往设宴地点,竟发现他早已和楚人勾搭成奸,准备犯上作乱,杀君自立。现在,他们已经歃血结盟啦!"平公开始有些不信,就说:"他是太子,早晚要做国君的,怎么会杀我自立呢?"伊戾立即添油加醋地说:"太子虽然年轻,但他早就想当国君,已经迫不及待啦!"平公于是派人前去查看,回来报告说确有此事,太子已和楚人结盟,此时已烂醉如泥。平公虽然生气,但还是不敢大意,于是又向宠信的大臣向戌等征求意见。向戌和伊戾早已心照不宣,于是不失时机地对国君说:"我也确实有所感觉,也听到朝廷中有这样的传言,只是不敢相信,不想竟真是这样。"有了向戌的表态,平公就对伊戾的话信以为真了,一怒之下把太子痤囚禁起来,准备凌迟处死。

太子痤被伊戾诬陷,身陷囹圄,此时又恨又悔,但还存着一点希望,让人请公子佐去向平公求情。他自言自语地说:"如果到中午公子佐还不给我回话,那我就

必死无疑了!"伊戾听说这件事,知道公子佐性情善良,一定会为太子求情,就赶紧通知向戍。向戍于是把公子佐叫到自己府中,寻找话题说个没完,故意拖住公子佐。中午已过,太子痤见公子佐还没有回音,就以为平公不同意赦免自己,于是悬梁自尽了,公子佐很快被立为太子。

不久,平公逐渐了解到事情的真相,发现了伊戾的真面目,对自己冤杀太子痤的做法十分悔恨。很快,伊戾也落得了个被处死的下场。

一三、张立道听之言

至元27年(1290年),北京地面塌陷,人民都十分震惊,世祖任命张立道为本路总管。尚未赴任,安南王世子陈日燇派遣他的大臣严仲维、陈子良等到京师报告袭爵之事。以前云南国主陈日㷩多次被征,但均未到京师,仅派他的族父遗爱入贡,朝廷因此封日烜为安南王。陈遗爱自京师返回云南,陈日燇暗中加以杀害。朝廷遣使问罪,日烜抗拒使者不受朝廷之命,于是,朝廷派将领讨伐陈日燇,失败而还。世祖十分生气,准备再

第十二章　符言

次发兵。丞相完泽，平章不忽木说："云南不过是蛮夷小邦，不足以劳动中国。张立道第二次出使安南有功，现在再派他前往，应该不会不奉命。"世祖把张立道召到香殿，告诉他说。"云南小国对我不恭敬，现在派你前去宣告我的旨意，你应当尽心啊！"立道回答说："君父的命令，即使赴汤蹈火也不敢推辞，我恐怕自己愚蠢，不能独当此任，请派重臣一人与我一同前往，我为副臣。"世祖说："你是我的腹心之臣，若使一人居于你之上，必然会败坏你的计谋。"于是，世祖授立道礼部尚书职，佩带三珠虎符，赐予衣段金鞍，弓矢以使他前往云南。

到安南界，对郊外劳作者说："告诉你们世子，出城迎接诏书。"陈日烜于是率领他的属下，燃香"拜伏于道路左侧。到了王府，日熔跪地拜见，按礼节听诏。张立道传达皇帝的命令，胪列日烜的罪状，写在书面上使他明白。陈日烜说："近来三世污辱公使，您是大国的卿大夫，小国的师傅，如何教导我呢？"立道说、"当初镇南王奉旨讨伐，你并不能战胜他。他不用向导，率众深入，没见到一人，就迟疑退还，尚未离开险要之地，风雨突然来到，弓矢全部损坏，部众不战自溃，天

子也知道这种情况。你所依凭的不过山海之险、瘴疠之恶罢了。而且云南和岭南的人，习俗相同，技力相等，现在如果征发他们攻打你，再加上北方的劲卒，你能再抵抗吗？你抵抗失败后，不过逃入海中，岛夷乘机会一定会来寇掠你，你食物缺乏不能支持，必然为其所屈服。做他的大臣，怎么能够和做天子的大臣相比！现在海上诸夷，每年向你进贡，也不过是因为畏惧我们大国与你结好，圣上对你恩德很厚。前年兴军，确实不是圣上旨意，不过是边将向你进谗罢了。你却不醒悟，没有派遣一个使者来谢罪请命，而且起兵抵抗，驱逐我国使臣，以致激怒了我们大国的军队，现在灾难就要来到了，希望世子你考虑一下。"

陈日烜下拜，并且流泪说："您所说的确实如此，为我谋划的人，都不知道这样做。前些日子的战斗，不过是救护自己罢了，怎么不知道惧怕天子使臣，您来了必然能使我活命。"日烜朝北面再次拜谢，发誓不敢遗忘天子的恩德。并把张立道带入城内，拿出奇珍异宝赂赂立道，立道一点也没有接受，只是邀请陈日烜入朝。日烜说："贪生怕死，这是人之常情，如若确实有诏书赦免我不死，我还推辞什么呢！"于是先派遣他的大臣

第十二章 符言

阮代之、何惟岩等随张立道人朝,上表谢罪,重新向朝廷岁岁人贡,并且说明愿意人朝的原因。朝廷大臣有嫉妒他的功劳的,认为必须先朝见然后再赦免他。陈日㷷由于害怕,终于没有人朝,言及此事者都十分可惜。

28年,朝廷又遣张立道奉使巡行两浙,不久任他为四川南道宣慰使,又迁为陕西汉中道肃政廉访使。30年,皇曾孙松山受封为梁王,出镇云南。大德2年(1298年),朝廷议论搜求可以辅助梁王的旧臣,张立道遂以陕西行台侍御史之职拜任云南行省参政。治事一月,在任上去世。

一四、长孙晟分析雍闾

突厥叶护可汗雍闾希望与隋通婚,长孙晟分析道:我看雍闾这家伙反复无信,不能信任,只是因为与另一可汗玷厥有矛盾,才投靠了我们。我方即使与他通婚,他最后也会造反。如果他娶了我国公主,就打着我们的旗号耀武扬威,玷厥、染干等人必然受他指使。他势力强大,背叛我们,恐怕比较麻烦。而染干是从前曾与我们合作的处罗侯的儿子,对我们也比较友好,我前一阵

见他,他也希望与我国通婚,不如我们答应染干,并令他南迁。他实力较小,比较容易归化,让他听我们指挥,即可防备雍闾侵略。隋文帝同意了。

文帝开皇十七年(597),染干派人跟随此前已在突厥的长孙晟到长安迎接公主。文帝把同宗的一个女子封为安义公主嫁给他。长孙晟劝说迁徙到度斤旧镇,雍闾很嫉妒,立刻发兵来攻。染干侦知雍闾动向,总是很快报告朝廷,朝廷总是可以及时获知雍闾的意图。

开皇十九年,染干托长孙晟向朝廷报告雍闾正在积极备战,要南下攻打大同城。文帝派出六路总管,并持汉王节度,兵分几路出塞迎击。雍闾很害怕,便与达头结盟,合力突袭染干,双方大战于长城脚下,染干大败,他的兄弟、子侄等亲属全被杀害,所统属的部落也七零八落。染干与长孙晟趁着夜色南逃,到天亮时,已跑出百余里,仅聚集了几百名士兵。他与自己的残部偷偷地商量:"现在我们没有实力了,入朝就等于是投降隋朝,天子怎么会看重我!玷厥虽然也参与了这次战争,但我俩本来并没什么矛盾,如果去投奔他,他肯定会帮助我。"长孙晟看出他心怀贰意,便派人秘密到伏远镇,令那儿的将士立刻点起烽火。染干看到烽火腾

第十二章 符言

起,问长孙晟:"发生什么事了?"长孙晟骗他说:"烽火都位于地势较高的地方,以便观察敌情。见敌人来了,便点燃烽火,按国家规定,敌人较少时,只点两堆烽火,比较多则点三堆,敌人大举入侵则点四堆。从现在的情况看,恐怕敌人要大举入侵了。"染干大吃一惊,对他的部下嚷道:雍闾追兵已到,快进城避一会儿。一进隋城,长孙展使命传令官执室暂时为首领,自己带着染干从驿道驰向长安入朝。文帝大喜过望,提升长孙晟为左勋卫骠骑将军,并可持节监护突厥。长孙晟则派人侦察雍闾营内,据说雍闾仍为恐惧,夜里老是做恶梦,喊"隋军来了。"

一五、海瑞审石头

海瑞这天经过街市,正碰上一个小孩坐在街心伤心地哭泣。海瑞问他为什么哭泣,那小孩说,他正沿街叫卖麻花,谁知不小心被一块石头绊倒了,麻花摔得遍地都是。他还没来得及收拾,已被一群人给抢吃光了。小孩说着,伤心地哽咽起来:"家里有个奶奶眼睛瞎了,全凭我卖麻花才能养活她。今天把本钱丢了,这以后的

鬼谷子

日子可怎么过呀!"

海瑞心里有点难过。他抬起头来,见还有人在旁边往嘴里送麻花吃。他略一思考,突然大声说道:"可恨这块顽石,竟敢欺侮孤苦的小孩,这还了得!衙役们,把这块石头给我带回县衙,我要开堂审理!"

周围抢吃麻花的那伙人尚未走开,他们见堂堂知县要审理一块石头,都觉得稀奇,纷纷跟着到县衙来。

来到县衙,海瑞吩咐衙役们站在门口,不许闲杂人员进来观看。大家站在门外,只见知县大人指着石头,不知在说些什么,一会儿慢言慢语,一会儿又瞪眼拍桌子。大家心里痒痒,都想进去听个究竟。

正在这时,从衙门里走出几个小吏,在门口摆放一张桌子,桌子上放了一个罐子,对众人悦:"大家安静县太爷有令:愿意看审石头的,每人先向罐子里丢两枚铜钱!"。

为了能看到审石头的有趣场面,围观的人们纷纷掏出钱来扔进罐子。不一会儿,罐子就装满了铜钱。

这时,海瑞走下公堂,过来对大家说:"今天这个卖麻花的小孩,不小心被这块石头给绊倒了。麻花摔碎了不要紧,要紧的是他家里有个瞎眼的奶奶还等着吃饭呢。本县原想让石头赔偿,但石头又无油水可榨。既然各位自愿献出两枚铜钱,本县就代他祖孙二人向各位致谢!"说罢,把钱交给小孩,叫他赶快回家,以免奶奶挂记。

一六、乾隆五难圆智和尚

一年秋天,乾隆皇帝下江南来到宁波城,打听到天童寺的当家和尚圆智,是个不事权贵的人,便有意难难他。

圆智和尚很有才学,听说乾隆驾巡江南,到处私行察访,名山大刹,是必访之地,心里早有戒备。那日听小和尚来报,有如此这般的一个人前来天童寺,圆智就及早下山在山脚边等候了。

不一会儿,果真见一个中年人头戴青缎小帽,身穿绸袍马褂,脚蹬双桨软鞋,大摇大摆地走上山来。圆智见这人,断定是乾隆无疑,就轻声说:"小僧天童寺住持圆智接驾来迟,万望恕罪!"乾隆心想:这人定是国智,必须先给他一个下马威!就说:既知朕到此,为何不率领僧众,大汗山门跪接圣驾,你这轻轻一作揖是有意亵渎我,该当何罪?"圆智见他想找茬儿,顿了一顿说;"'怎敢亵渎?只因微服私行,小僧若劳师动众,恐将引起游人瞩目,对圣上安全有所不便,故只小僧一人,悄悄相迎。"乾隆一听,知道这个和尚不好对付,于是说;"说得有理,恕你无罪,前面带路!"

乾隆走着山路,又问:"大和尚,今日上山,你把我比上一比!"圆智脑子一转,笑笑说:"万岁爷上山可有一比好比佛爷带您上天,一步还比一步高哩!"乾隆一听此话,心里可真舒!转而一想,国智自比佛爷,上风被他占去。自己吃了亏,但又不好发作。

来到了三山门,乾隆抬头见山门上高悬两只灯笼,就问:"这门上挂的是什么?"圆智想:他这是明知故问,必有原因。原来封建时代讲究避讳。灯笼的"笼"字跟乾隆的"隆"字同音。你要是直接回答,那就犯了"忌讳",轻则坐牢,重则充军。圆智仔细一想,不慌不忙地说:"启禀万岁爷,这两个就叫'东西、东西'!"乾隆一瞪眼说:"岂有叫'东西'的?"圆智说:"万岁有所不知,它们悬在门上,一个在东,一个在西,故叫'东西'。"乾隆见他并不上当,只得另找话题。

乾隆一进天王殿,见弥勒佛喜眉笑脸地朝外而坐,

第十二章 符言

就指着弥勒佛问圆智:"请问大和尚,他为问而笑?"圆智说:"启禀圣上。他是在笑贫僧身入空门,终日青灯木鱼,碌碌无为!"乾隆一听,好啊,有空子可钻了,就追问:"他不是也在对着我笑吗?照你说,莫非他也笑我碌碌无为?"圆智心想,皇上今天是处处想为难我一下,但我自有办法应付,于是开口道:"哪里,佛爷对不同的人笑,都有不同的含意。他对万岁爷迎面而笑,是笑您为民操心,以国事为重;不象世间凡夫俗子,气量狭窄,暗里藏刀!"圆智的回答,弄得乾隆哭笑不得,他无心再游天童寺了,穿过大殿,从后山返回。

乾隆下山,圆智相送。走至山腰,乾隆忽然回头问圆智:"我上山时,你说是'一步还比一步高',现在我下山了,你怎么比呢?"圆智镇定自若地答道:"如今万岁爷下山,好比如来带您下凡,后生更比前生高啊!"乾隆听了,打心里佩服聪明机智的圆智和尚。

一七、祝枝山巧计惩船主

明代大书法家、文学家祝枝山是个喜好游玩的人。有一次,他乘船经过玳玳河,前往浙江会稽。所乘船是

鬼谷子

一条大木船,船上除了船主外,还有七八个佣工。佣工中的阿大、阿二和阿三兄弟三人是刚雇来没多长时;司的新手,船上最苦的活便都落在他们身上。

这兄弟三人唉声叹气,最小的那位不禁抽泣起来。祝枝山发觉后,便上前询问这是怎么回事。一打听才知道,原来船主对船工们大过苛刻,有时甚至连烧水煮饭的柴禾也不给提供。阿大等三兄弟实在没办法,就用斧子砍了船尾上那根废旧的烂木头作柴烧,船主发现后,立即决定扣罚弟兄三人三两银子,先记在帐上,将来以工钱相抵。这样,三弟兄就等于在半年内都是白白给船主干活了。

祝枝山听罢,恨得直咬牙,他决定为这一三弟兄打抱不平,他安慰他们说:"不要着急,我自有办法让那家伙拿钱给你们用,拿东西给你们吃。"

这时。从河的上游缓缓游来一群鸭于,呵人告诉祝枝山那个放鸭子的孩子是船主的儿子。祝枝山听了不动声色地往船舷靠了靠,猛地把手往鸭群中一伸,捞起一只就扔进了舱内。

船主的儿子老远看到了这一切,他朝站在船头的船主喊道;"抓贼!阿爸,快停船,你船上有人偷了我们

第十二章 符言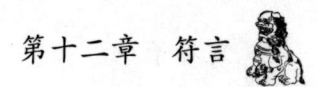

的鸭子。"

船主马上来到舱内,只见祝枝山一个人神色下安地坐在里边。

"是你偷了我家的鸭子?"船主问道。

"我没有呀!一定是你儿子看错了人。"

"我没看错,我亲眼看见他飞快地从水中捞起一只鸭子扔进舱里去了!"船主的儿子大声喊道。

"搜!"船主喝令手下的打手们说。

"慢,"祝枝山但手一拦说:"要是搜不出来怎么办?"

"赔你20只鸭子!如果搜出来了呢?"船主悦。

""任打任罚。"祝枝山微笑着悦。

船主把船舱翻了一遍,连一个鸭毛也没找到。最后,查到视技山身下的那只木箱。等打开箱子一看,里面只有一只湿淋淋的大草鞋。

船主只好认输,让儿子捉20只鸭子赔给祝枝山。祝枝山哈哈一笑,说;"下用那么多,给我10只鸭子意思意思就行了。"

就这样,祝枝山白白得到了10只鸭子,当下他就把鸭子送给了阿大三兄弟。

祝枝山是怎么得到鸭子的呢?原来,他事先准备了一只大草鞋,等到鸭群游近船舷时,他手抓草鞋猛地沉入水中,又迅速提起来扔进舱中。船主的儿子还以为祝枝山偷了他的鸭子。

船到岸后,祝枝山悄悄告诉阿大等三兄弟说他后天还来坐这条船,到时候再想办法让那船主加倍偿还敲诈去的银子,为三兄弟出出这口恶气。

第二天,祝枝山果然又来乘这艘船来了。船到河心,碰巧撞上了一具从上游漂下来的无名男尸,祝枝山连忙让阿大等三兄弟用绳索悄悄把男尸系在船尾上。然后他让三兄弟用斧子乱砍起船帮来。一阵"乒乒乓乓"的砍击声惊动了坐在船头的船主,他赶到船尾一看,脸气得煞白,急呼那几个打手:"快来人哪!混账东西竟然砍起船来了!给我把他们抓起来!"

打手们一拥而上,结果只抓住了两个,老三一纵身跳进了河里。

大家都死死盯着河面,却迟迟不见老三从水中冒出来,这时祝枝山悄悄离开了拴那具男尸的绳子,然后用手指着飘离船体大家都能看到的尸体叫到"不好啦!不好啦!出人命了!老三淹死了!"

见状,船上的阿大、阿二一下子大哭起来,口口声声要船主还他们弟弟的命。祝枝山也站了起来。用手指着船主说:"好你个狠心贼!竟为一点小事逼死人命,告你到官府,不杀头也得坐大狱,让你赔得倾家荡产了事!"

船主被吓破了胆,"扑通"一声跪在阿大、阿二两兄弟而前哀求他们个要告官,两兄弟哪里肯依,非要船主上官府评理。祝枝山见时机成熟,站出来假装了一回和事佬,让船上拿出六十两银了作为赔偿,两兄弟这才罢休。船主这时保命要紧,忙不迭吩咐人拿出了60两白银打发了阿大、阿二两兄弟,船一靠岸,两兄弟拿着银子扬长而主。

其实,那阿三并没有死,他凭借水性好,照着祝枝山的布置纵入水中,一口气潜进了芦苇荡中。后来三兄弟在岸上重逢,谢过祝枝山后带着银子到别处谋上去了。

一八、雀儿参政

"雀儿参政"形容低能的官员。

此典出自《金史·完颜合周传》。

鬼谷子

公元 1115 年,女真族建立了自己的政权,号为"金"。

金哀宗(完颜守绪)时期,金朝廷有一个大臣叫完颜合周。完颜合周任参知政事,是朝廷最高政务长官,品位比宰相低一些。完颜合周喜好做诗填词,他的语言卑俗,人们搜集他的话作为笑料。公元 1232 年,蒙古军前来进攻金朝,因为粮食短缺,金朝廷下令搜刮,强取豪夺。为此,完颜合周亲自草拟了《括粟榜文》,其中有"雀无翅儿不飞,蛇无头儿不行"的句子。其实,应当是"雀无翅而不飞,蛇无头而不行",而完颜合周把"无"字写成"儿"字,僚属明知道有错也不敢更改。因此,从那以后,京城人都称他为"雀儿参政"。而金哀宗依旧毫不醒悟,还是那么重用他,以致败坏大事。

一九、三石之弓

后人用"三石之弓"抨击那些自己本来能力不大,却爱听别人的吹嘘,毫无自知之明的人。

此典出自《吕氏春秋·贵直论·壅塞》:"齐宣王

第十二章 符言

好射,说人之谓己能用强弓也。其尝所用不过三石,以示左右,左右皆试引之,中关而止,皆曰:'此不下九石,非王其孰能用是?'"

宣王之情,所用不过三石,而终身自以为用九石,岂不悲哉?

这段话意思是说:齐宣王喜欢射箭,非常喜欢听别人夸赞他能使用强弓。他曾使用的不过是拉力三石的弓,故意拿给左右的臣子看,左右的臣子一个个试着拉,只拉开一半就停下来,都异口同声地说:"这弓拉力不下九石,除了大王谁能使用它?"

其实宣王所使用的不过是三石之弓,而终身自认为用的是九石之弓,这难道不可悲吗?

二〇、同仇敌忾

"同仇敌忾"这个典故,最早见于《诗经》,意思是指共同一致地对敌人抱着仇恨和愤怒的情绪。由于《诗经》是我国最早的一部诗歌专著,所以这个典故本身并没有故事。它是春秋时秦军中非常流行的一首从军歌,歌名叫《无衣》。公元前623年,卫国的亚卿宁俞

出使鲁国时说过"敌王所忾,而献其功"。这句话是"同仇敌忾"的典源,但把"同仇"与"敌忾"合为成语则是在公元前506年。

当时,伍子胥为报杀父之仇,率吴国的军队攻破楚国的都城后,掘开楚平王的墓,刨出尸首,用钢鞭把楚平王的尸首打得稀烂,这就是"伍员鞭尸"的典故。伍子胥还不解恨,又要找楚平王的儿子楚昭王讨还血债。

伍子胥有个好友叫申包胥,他给伍子胥捎信说:"物极必反,你适可而止吧!"伍子胥不听,回信说,为报杀父之仇,就顾不得楚国了。申包胥长叹说:"子胥要灭楚,我岂能坐视不救!"

申包胥知道楚平王夫人是秦哀公的女儿,秦、楚两国有甥舅之亲,所以决定到秦国求救。

申包胥到秦国后,对秦哀公说:"吴若灭楚,便会进一步攻秦,请赶快派兵解救楚国。"秦哀公任凭申包胥怎么说,就是不表态。

秦哀公让申包胥先住下再慢慢计议。谁知这申包胥就站在宫廷之中,日夜号哭,他不脱衣,不睡觉,不吃不喝,哭了七天七夜。

秦哀公大为感动，就亲自前去安慰申包胥，并唱道："岂曰无衣？与子同袍。王于兴师，修我长矛，与子同仇。……"

申包胥知道这是当时秦军中的流行歌曲，是一首从军歌，其歌词大意是说：有衣同穿，有仇同报，整修武器，准备打仗。他知道秦哀公唱这首歌的意思是同意发兵，便三叩九拜，恢复了饮食。

申包胥终于请得秦兵，挽救了楚国。自从申包胥号哭秦廷后，"与子同仇"便被当时的人们称道。后人用"同仇敌忾"表达共同一致对敌斗争的决心。

二一、止戈为武

此典出自《左传·宣公十二年》："楚子曰：'非尔所知也。夫文，止戈为武。'"

"止戈为武"，作为成语，在实际生活中使用的并不多，但它却包含了一个深刻的哲理。意思是说，什么才算是真正的武功呢？不是打过多少胜仗，而是止息兵戈。

这个典故说的是：春秋时期，楚庄王用武力降伏了

鬼谷子

郑国后,就打算撤兵回国。援助郑国的晋国军队赶到时,战争已基本平息,晋军统帅荀林父认为,没有必要与楚军再交战,也准备撤军。可两人的部将十分好战,结果双方终于打了起来。

楚军袭击了晋军的中军,荀林父思想准备不足,防御也有漏洞,在楚军的攻击下,造成自己一片混乱。荀林父看楚军来势凶猛,一时难以抵抗,就下令说:"快上船过河,先过河的有重赏。"结果军中士卒争先恐后登船。先上船的人用战刀砍断正在攀舷的士兵手指,一时弄得哀声震天,士气大减。驾驭战车的军士从陆路慌忙退却,而马车又陷在泥坑里,结果当了楚军的俘虏,晋军损失惨重,尸横遍野,剩下的残兵败将趁着天黑渡河,才逃了出来。

楚军获得全胜,将士异常自豪。一位将军建议楚庄王说:"我听说战胜了敌人要建筑一个纪念物,将来给子孙看,使他们不要忘了先人的武功。我看您也应该这样做。就把晋军尸首堆积起来,封土为丘,来纪念这次对晋国的胜利吧。"

楚庄王摇摇头说:"你哪里知道啊?你认识'武'字吗?在甲骨文里,'武'字是由'止'和'戈'两

第十二章 符言

字组成的,'止戈'才是武!止息兵戈才是真正的武功啊!武功应该具备七种德行,这就是禁止强暴,消除战争,保持强大,巩固基业,安定百姓,团结民众,增多财富。现在晋楚两国交兵,士卒的尸骨暴露在野外,百姓生活不能安宁,这七种德行我一样也没有,拿什么留给子孙,我是没有武功的。我看,咱们还是回国吧。"

楚庄王没有修筑纪念物以表彰这次战功,很快就班师回国了。

成语"止戈为武"就是由此而来。后人用它表示通过正义的战争平息战祸,最后求得和平。而"武"字的创立正是凝聚了我们的祖先非凡的智慧和对军事或战争行为目的的深刻理解。

二二、一鼓作气

此典出自《左传·庄公十年》:"既克,公问其故。对曰:'夫战,勇气也。一鼓作气,再而衰,三而竭。彼竭我盈,故克之。'"

成语"一鼓作气",最早就记载于《左传》。文中

的原意是，鲁国的军队打败了来犯的齐国军队，鲁庄公问谋士曹刿是什么缘故，曹刿回答："打仗全凭一股气势，击鼓就是叫人打起精神来。第一次的鼓，气势最盛；第二次的鼓就差了；到了第三次，鼓敲得再响，也不能带动兵马的劲头了。趁着对方不备的时候，咱们一鼓作气打过去，怎么会不赢呢？"这就是著名的"曹刿论战"。

春秋时期，鲁国与齐国在长勺发生战争。当时，强大的齐国出兵攻打鲁国。鲁庄公决心御敌，苦于没有谋士，经人推荐，名不见经传的平民百姓曹刿，被带到了鲁庄公面前。鲁庄公问他有什么办法可以击退齐国军队，曹刿回答："这很难说，打仗全凭随机应变，没有一成不变的法则可以遵循。"鲁庄公听后觉得有道理，就带着曹刿和大军直驱长勺。

鲁国的军队到了长勺，摆好阵势，与齐军遥遥相对。严阵以待的齐军即刻下令击鼓进兵，全军潮水般地涌来。鲁庄公一听对方鼓声震天，就想叫鲁军也擂鼓对敌。曹刿马上制止他说："等一等，别跟他们交手。"鲁庄公就下令："不准喧嚷，不准开打。"齐国军队在鼓声催促下冲了过来，却遇到鲁军不为所动的严整阵容,只好退了回去。过了一会儿,齐军又擂鼓冲锋,鲁军仍然不动声色,未见一人杀出来。齐军找不到交锋的对手,只能再次退回。这时,齐军将士以为鲁军怯阵,只守不战,不敢与自己交锋。当第三次战鼓擂响时,就有些懈怠,兴趣索然地跑向鲁军。哪知此时,鲁军阵中忽然鼓声大作,鲁国将士霍地喊杀而出,刀砍箭射,毫无准备的齐军顿时被打得七零八落,狼狈逃窜。鲁军乘胜追出齐军三十多里,缴获了大量的辎重和兵器。

战后,鲁庄公虚心地向曹刿请教。曹刿就说了文首的那段话。鲁庄公钦佩地跷起大拇指说:"你真可以说是一个精通军事的将军啊!"

成语"一鼓作气"流传了下来,但它的寓意,已经由原来战斗开始时,击一次战鼓以鼓舞士气,转变为用以形容振奋精神,鼓足干劲,勇往直前。

二三、望尘而拜

"望尘而拜"用以讥讽阿谀奉承、趋炎附势的人。

此典出自《晋书·潘岳传》:"岳性轻躁,趋世利,与石崇等谄事贾谧,每候其出,与崇辄望尘而拜。"

潘岳(公元247~300年,晋代文学家),字安仁,晋代荥阳中牟(今属河南)人。祖父潘瑾,曾任安平太守。父亲潘芘(pí),曾任琅琊内史,潘岳自幼聪颖有才华,父老乡亲们把他称为"神童"。他年纪很轻时就被征召到司空太尉府任职,成为优秀的秀才。西晋泰始(公元265~274年)年间,晋武帝(司马炎)带着皇后妃子亲自耕田,潘岳作赋极力称赞这件事,因此名气更大,受到一些人的嫉妒,潘岳在十年之内未能升迁。后来,他被派任河阳县令,觉得郁郁不得志。当时,尚书仆射山涛和吏部官员王济、裴楷等人都得到皇帝的重视,他心里非常不满。不久,潘岳转任怀县令。他在治理河阳、怀县期间,政绩卓著,被任做尚书度支郎,后任太傅主簿,又任给事黄门侍郎。

潘岳性情轻狂浮躁,追名逐利,与石崇等人奉承权贵贾谧。每当贾谧出门时,潘岳与石崇二人总是早早就等在门外,贾谧的车马走远了,他们还向着贾谧车马扬起的尘土下拜。

二四、魏人钻火

这则寓言讽刺那些自己糊涂可笑,反而埋怨别人不讲道理的人。

此典出自《笑林》。

某甲晚上突然得了急病,命令看门的人为他钻木点火。那天夜里昏暗幽黑,看门的人一时找不到钻火工具,可主人又拼命地催促他。

看门人气愤地说:"您责怪人太没有道理了!今天夜里黑得伸手不见五指,您为什么不拿火把来给我照亮?我必须找到钻火工具,然后才能点起火来。"

孔文举听说了这件事,说道:"责怪人应该有他的道理才对呀!"

二五、畏鬼致盗

这个故事说明:疑心生暗鬼。

此典出自《郁离子·麋虎篇》。郁离子曰:"……谗不自来,因疑而来;间不自人,乘隙而入。由其明之

 鬼谷子

先蔽也。"

有一个怕鬼的楚国人,他听到枯叶落地与蛇鼠爬行的声音,都认为是鬼来了的声音。小偷了解到这一点,便乘着夜晚潜伏在这个人家的墙边装鬼叫。那个楚人恐惧不已,连瞟一眼都不敢。小偷像这样弄了四五次,看到没有动静,便进入他的房间,偷光了他家收藏的财物。有人骗他说:"你的财物确实是被鬼拿去了。"他虽然有些疑惑,但心里却认为说得对。没多久,他的住宅中果然有了鬼。因此,即使财物从小偷的住处拿了出来也总认为是鬼偷了给他的,不相信是小偷的。

郁离子说:"谗言不会自己找上门来,总是先有疑心才会相信它;离间、挑拨也不会自己找上门来,总是因为有空子可钻才会发生作用。这都是由于聪明早已被蒙蔽住了的缘故。"

二六、望梅止渴

"望梅止渴"比喻人们用虚假的现象,满足实际的欲望。

此典出自《世说新语·假谲》:"魏武行役,失汲

第十二章 符言

道,军皆渴,乃令曰:'前有大梅林,饶子,甘酸可以解渴。'士卒闻之,口皆出水,乘此得及前源。"

三国时刘备被吕布抢走徐州,又攻占了小沛,逼得走投无路,只好跑到许昌去投靠曹操。有一天,曹操叫武将许褚请刘备到丞相府去,一见面便拉住他的手说:"我刚才看见后园里树梢上的梅子已经青熟,忽然想起了去年征伐张肃时行军的路上,由于没有水喝,将士们都口渴难忍,当时我想出了一个计策:举起马鞭子指着前面骗他们说:'前面有个大梅林,树上的梅子又酸又甜,可以解渴。'将士听到这话,想起梅子的酸味,禁不住垂涎欲滴,于是再不感觉渴了,不久就走到了有水的地方。今天园里有这样好的青梅,实在应该赏玩一番,所以特地请你来园里喝酒。"

二七、蜗角虚名

"蜗角虚名"比喻人们微不足道毫无作用的名声。

此典出自《庄子·则阳》:"有国于蜗之左角者,曰'触氏',有国于蜗之右角者,曰'蛮氏',时相争地而战,伏尸数万;遂北旬五日,而后反。"

 鬼谷子

战国时，魏惠王与齐国田侯牟签订了盟约，后来田侯牟背叛了盟约，魏惠王勃然大怒，打算派人去刺杀田侯牟，以发泄心头的愤怒。公孙衍听说后对魏惠王说："大王身为一国之君，却采取普通百姓的报复手段，我真替大王感到惭愧。不如给我二十万兵马，攻打齐国，活捉他的老百姓，抢走他们的牛羊，让田侯牟想起这件事就浑身冒汗。此后再攻占他的国家，捉住他，鞭打他，折断他的骨头。"

季子在一旁听了公孙衍的话，嘲笑他说："修筑一道十丈高的城墙，已经筑了七丈，又把它毁坏，岂不是故意劳累百姓吗？魏国有七年不打仗了，这是一件好事，是大王立国之本。公孙衍无端挑动战争，大王不要听他的。"

魏国朝廷的这场争论，被一个叫惠子的人知道了，他弄不清到底哪一种观点才对，就请教一个叫戴晋人的读书人。戴晋人没有直接回答他，而是说："蜗牛的左角有一个国家叫触氏，右角上有一个国家叫蛮氏。有一次两国为了争夺地盘而发生战争，双方大战了半个月，死亡好几万，尸横遍野。后来触氏国打胜，乘胜追击，占领了蛮氏国不少的地方。"

第十二章　符言

惠子听后，笑着说："哎，你也太夸张了，世界上哪有这样的事！"载晋人解释说："事情虽然有些夸张，但道理是完全相同的。蜗角两国所争夺的地盘，在一个真正完美的人看来，也不过针尖大。他们完全是为了虚名在进行战争！"

惠子佩服地说："你的见解太高明了！"

外 篇

本经阴符七术

一、盛神

盛神①五龙②盛神中,五气③神为之长④心为之舍,德为之人⑤养神之所,归诸道。

道者,天地之始,一其纪也。物之所造,天之所生,包宏,无形化气,先天地而成,莫见其形,莫知其名,谓之神灵。

故道者,神明之源,一其化端⑥是以德养五气,心能得一,乃有其术。术者,心气之道所由舍者,神乃为之使。九窍、十二舍⑦,气之门户,心之总摄也。

生受之天,谓之真人;真人者,与天为一而知之者,内修练而知之,谓之圣人⑧。圣人者,以类知之⑨。

故人与生，一出于化物⑩类在窍。有所疑惑，通于心术⑪；术必有不通。其通也，五气得养，务在舍神，此谓之化。化有五气者，志也、思也、神也、德也；神其一长也。

静和者，养气。养气得其和，四者不衰，四边威势，无不为，存而舍之⑫，是谓神化归于身，谓之真人。真人者，同天而合道⑬，执一而养产万类，怀天心，施德养，无为以包志虑思意，而行威势者⑭也。士者通达之，神盛，乃能养志。

【注释】

①盛神：盛，充沛。神，精神。

②五龙：一指角龙、微龙、商龙、羽龙、富龙；一指皇怕、皇仲、皇叔、皇季、皇少。

③五气：指神、心、德、道、术。

④神为之长：五气之中起决定作用的是人的精神状态。

⑤德为之人：有德使人成其为人。

⑥一其化端：万物之变化的产生都源于道。

⑦十二舍：目见色，耳闻声，鼻臭香，口知味，身觉触，意思事，互相停会，称十二舍。

⑧内修炼而知之,谓之圣人:自我修炼,学而知之,是圣人。

⑨以类知之:以一般推知个别,触类旁通。

⑩化物:随物而化。

⑪有所疑惑,通于心术:在感知活动中产生疑惑,要通过冷静的思考去作理性的判断。

⑫存而舍之:吸收与储存。

⑬同天而合道:与天相同,与道相合。

⑭行威势者:运行影响力的。

【译文】

要使精神旺盛充沛,必须效法五龙。旺盛的精神中包含着五脏的精气,精神是五脏精气的统帅,心是精神的信托之所。只有道德才能使精神伟大,所以养神的方法归结为道。

道是天地的开始,道产生一,一是万物的开端。万物的创造,天的产生,都是道的作用。道包容着无形的化育之气,在天地产生前便形成了。没有谁能看到它,没有谁能叫出它的名称,只好叫它做"神灵"。

所以说,道是神明的根源,一是变化的开端。因此,人们只有用道德涵养五气,心里能守住一,才能

掌握住道术。道术是根据道而采用的策略、方法，是心气按规律活动的结果。精神是道术的使者。人体的九窍，人体的器官，都是气进进出出的门户，都由心所总管。

直接从上天获得本性的人，叫做真人。真人是与上天结成一体而掌握道的人。通过专心学习磨炼而掌握道的人，叫做圣人。圣人是触类旁通而掌握道的。

人类的肉体与性命，都是出于天地的造化。人类了解各类事物，都是通过九窍。如果有疑惑不解的地方，要通过心的思考而运用道术判断；如果没有道术，一定不会通达。通达之后，五脏精气得到培养，这时要努力使精神保持镇静专一。这便叫做"化"，即合符造化的精妙境界。五脏精气达到了化的境界，便产生志向、思想、精神、道德，精神是统一管理这四者的。

宁静平和便可以养气，养气便可以使得志向、思想、精神、道德四者获得和谐，永不衰败，向四方散发威势。什么事都可以办到，长存不散，这便叫做一身达到了神化的境界，这种人便叫真人。真人，是跟天与道合一的，他能够坚守"一"，而且产生并养育万物，怀着上天之心，施行道德，他是用无为之道指导思想而发出威势的人。游说之士通晓了这一点，精神旺盛充沛，才能培养志向。

【感悟】

天地间的道理博大精深，有些道理用现在的科学还不能作出合理的解释，比如天地间存在某些不同的气，有些人秉这种气而生，因而天生就有某种特殊禀赋，高人一等。但是一个人也可以通过后天不断地学习而懂得天地玄机。

人有各种各样的情欲，平常精神就被这些情欲分散掉了，因此人做事必须专一，专一能把人分散的精神集中起来，使各种感知潜能发挥出来，产生某种特殊的能力，从而找出解决问题的方法。

二、养志

养志①法灵龟②。养志者，心气之思不达也。有所欲，志存而思之。志者，欲之使也③。欲多则心散，心散则志衰，志衰则思不达也。

故心气一，则欲不徨；欲不徨，则志意不衰；志意不衰，则思理④达矣。理达则和通，和通则乱气⑤不烦

于胸中。故内以养志，外以知人。养志则心通矣，知人则分职⑥明矣。

将欲用之于人，必先知其养气志。知人气盛衰，而养其志气，察其所安，以知其所能。

志不养，则心气不固⑦；心气不固，则思虑不达；思虑不达，则志意不实；志意不实，则应对不猛⑧；应对不猛，则志失而心气虚；志失而心气虚，则丧其神⑨矣。

神丧，则仿佛；仿佛，则参会不一。养志之始，务在安己；己安，则志意实坚；志意实坚，则威势不分，神明常固守，乃能分之⑩。

【注释】

①养志：淘汰浅俗的欲望，确定正确的追求。

②灵龟：龟名，用以卜测吉凶。

③志者，欲之使也：志是欲所产生的。

④思理：思维。

⑤乱气：思维紊乱，心绪不宁。

⑥分职：职责。

⑦心气不固：从语气上看，"心气不固"前应有"则"字。固，谓稳定、坚实。

⑧应对不猛：反应、对答不迅猛，不敏捷。

⑨丧其神：丧失精神力。

⑩分之：指分威震物。

【译文】

培养志向要效法灵龟。之所以需要培养志向，是因为如果不培养志向，心的思想活动便不会畅达。如果有了某种欲望，都是放在心里考虑，那么，志向便被欲望所役使。欲望多了，心便分散；心分散了，志向便衰弱了，思想活动便不畅达。

心的思想活动专一，欲望便无隙可乘；欲望无隙可乘，志向意愿不衰弱，思路便会畅达。思路畅达，和气便流通；和气流通，乱气便不会在胸中烦乱。所以，对内要培养志气，对外要了解人。培养志气就会心里畅通，了解别人就会职责明确。

如果要把培养志气之术用于对人，就一定先要考察他是如何培养志气的。了解别人的志气的盛衰状况，就可以培养他的志气；观察别人的志趣爱好，就可以了解他的才能。

如果不培养志气，心气就不稳固；心气不稳固，思路便不通畅；思路不通畅，意志便不坚实；意志不坚

实，应对便不理直气壮；应对不理直气壮，就是丧失志向和心气衰弱的表现。

志向丧失和心气衰弱，说明他的精神颓丧了。精神颓丧，便会恍惚不清；神志恍惚不清，就不可能专一地探求、领会事理。由此可见，培养志向的重要。如何培养志向，培养志向的初始是什么呢？首先要从使自己镇定安静开始；自己镇定安静了，志向意愿便会充实坚定；志向意愿充实坚定，威势就不会分散。精神明畅，经常固守，就能够震慑对方。

【感悟】

一个人没有志气就容易欲望泛滥，欲望泛滥，今天想做这样，明天想做那样，结果精力分散，一事无成。即使有了志气，也要不断地加以培养，否则也不坚定。培养志气当效法灵龟，沉着镇静，心神守一。要了解一个人，从他的志向就完全可以看得出来。

意志是一个人各种内在精神因素中最重要的一种，可以说是一个人能否成功的关键。没有坚定的意志，精神就会散乱，精力一分散，什么事情也就干不成了。纵观古今，没有一个伟人不是拥有坚定的意志的人。青少年时期是培养意志的关键时期，应该加强意志锻炼。

三、实意

实意①法螣蛇②。实意者,气之虑也。心欲安静,虑欲深远。心安静则神明荣③,虑深远则计谋成。

神明荣则志不可乱④,计谋成则功不可间⑤。意虑定⑥则心遂安,心遂安则所行不错⑦,神自得矣。得则凝。识气寄,奸邪得而倚之,诈谋得而惑之,言无由心矣⑧。

故信心术、守真一而不化,待人意虑之交会⑨,听之候之也⑩。计谋者,存亡之枢机。虑不会,则听不审矣;候之不得,计谋失矣。则意无所信,虚而无实。

无为⑪而求,安静五脏⑫,和通六腑⑬,精神、魂魄固守不动,乃能内视、反听、定志,思之太虚,待神往来。

以观天地开辟,知万物所造化,见阴阳之终始,原人事之政理。不出户而知天下,不窥牖而见天道。不见而命,不行而至。——是谓"道知"。以通神明,应于无方⑭,而神宿⑮矣。

【注释】

①实意：丰富思想蕴含。实，充实。意，意念、意蕴。

②螣蛇：神蛇。

③神明荣：指思维能力强。

④乱：游移、紊乱。

⑤间：乘间，引申为扰乱。

⑥意虑定：意念坚定，思虑成熟。

⑦所行不错：行为不乖谬。

⑧言无由心矣：难讲真心话了。

⑨待人意虑之交会：意谓待人接物时，其意念、思虑要与客体相符合。

⑩听之候之也：意谓听言要详审，期待捕捉的目标要明确。听，审言。候，伺机。

⑪无为：自然、净化。

⑫五脏：指心、肝、胆、脾、肾。

⑬六腑：指小肠、胆、膀胱、大肠、胃、三焦。

⑭应于无方：即应付各种状态，各个方面。无方，即无常，万方。

⑮神宿：达到神明境界。

【译文】

要使思想充实,必须效法螣蛇。思想充实,产生于气的思考活动。心要求安静,思考要求深远。心一安静,精神便会爽朗充沛;思考一深远,谋划事情便能周详。

精神爽朗充沛,志向就不可扰乱;谋划周详,事业的成功便没有阻隔。思想坚定,心里便顺畅;心里安静,他所作的一切便不会有差错。精神满足得所,便会专一集中。如果思想活动不安定而游离在外,奸邪之徒便可凭借这种状况干坏事,欺诈阴谋便可乘机迷惑自己,于是说出话来便不会经过心的仔细思考。

所以,要使心术真诚,必须坚守专一之道而不改变,等待别人开诚相见,彼此交流,认真听取和接受别人的意见。计谋是关系国家成败的关键。如果思想不交融,听到的情况便不周详;接受的东西不恰当,计谋就会发生失误。那么,思想上便没有真诚可信的东西,变得空虚而不实在。

要自然无为,使得五脏和谐,六腑通畅,精、神、魂、魄都能固守不动。这种便可以精神内敛来洞察一

切、听取一切，便可以志向坚定，使头脑达到毫无杂念的空灵境界，等待神妙的灵感活动往来。

从而可以观察天地的开辟，了解造化万物的规律，发现阴阳二气周而复始的变化，探讨出人世间治国方法的原理。这便叫做，不出门户便可了解天下的万事万物，不把头探出窗外便可了解自然界的变化规律；没有见到事物便可叫出它的名称，不走动便可以达到目的。这便叫做"道知"，即凭借道来了解一切。凭借道了解一切，可以通达神明，可以应接万事万物而精神安如泰山。

【感悟】

俗话说："一心不能二用。"人只有在心神集中的情况下，思路才能够明晰畅达，思考问题才能具有深度，有利于找出问题的关键，使问题得以解决。如果心神不定，做事就不得要领，说话也是脱口而出，错误百出。

人必须心情淡泊，神思宁静，而后才能反视自己的内心世界，思考事物的来龙去脉，探究宇宙的道理，然后再据此提出合理的主张，制定可行的计划，达到成功的目的。

四、分威

分威①法伏熊②。分威者,神之覆也③。故静固志意④,神归其舍⑤,则威覆盛矣。威覆盛⑥,则内实坚;内实坚,则莫当;莫当,则能以分人之威而动,其势如其天。

以实取虚,以有取无,若以镒称铢。故动者必随,唱者必和⑦。挠其一指,观其余次,动变见形⑧,无能间者。审于唱和⑨,以间见间,动变明,而威可分。

将欲动变,必先养志、伏意,以视间。知其固实者,自养也。让己者,养人也。故神存兵亡⑩,乃为知形势⑪。

【注释】

①分威:施威慑敌。

②伏熊:意谓要扩散影响力,应像熊那样,先伏后动。

③分威者,神之覆也:意谓分威就是扩大精神影响力的覆盖面。

④静固志意:别本作"静意固志",当是。意思是

说要意念安静,志尚坚定。

⑤神归其舍:意即精神集中。舍,宅。

⑥盛:充溢而未发。

⑦动者必随,唱者必和:此动则彼必随之,此唱则彼必和之。意指分威震物。

⑧动变见形:动变,指此动彼变。见形,指成为现实。牌无能间者;意谓不会有间隙被人利用。间,间隙,此处作动词用。

⑨审于唱和:审慎于此唱彼和之理。阳以间见间;因其间隙而见之。

⑩神存兵亡:即"神存于内,兵亡于外",指精神的无形的影响力还存在,但有形的外在力量已不再存在。

⑪乃为之形势:才形成强化影响力的气候。

【译文】

发挥威力,要效法伏在地上准备出击的熊。只有在旺盛的精神笼罩之下,威力才能充分发挥。所以,要使志向坚定,思想安静,精神集中,威力才能盛大。威力盛大,则内部充实坚定;内部充实坚定,威力发出便没有谁能抵挡。没有谁能抵挡,就能以发出的威力震动别

外篇

人，那威势像天一样无不覆盖。

这便是用坚实去对付虚弱，用有威力去对付无威力。这就好像"镒"我"铢"比较一样，相关悬殊。所以，只要一动便一定有人跟从，一唱便一定有人附和。只要弯动一个指头，便可看到其他指头的变化。威势一发出，就可使情况发生变化，没有谁能够阻隔。对唱和的状况进行周详考察，可以发现对方的任何间隙，明了活动变化的情况，于是威力就可以发挥出来。

自己要活动变化，一定先要培养志向、隐藏意图，从而观察对方的间隙，把握住时机。使自己思想意志充实坚定，是养护自己的方法；自己讲求退让，便是驯服别人的方法。所以，能够"神存兵亡"，即精神专注而进击之势毫不表现出来，那便是大有可为的形势。

【感悟】

要想扩大外在影响，必须先积蓄足够的力量，积蓄了足够的力量之后就要把这些力量适当地分散出去，否则就无从扩大影响的范围。扩大影响的前提是勤修内政，巩固基础。

五、散势

　　散势①法鸷鸟。散势者，神之使也②。用之，必循间而动③。威肃，内盛，推间而行之④，则势散。夫散势者，心虚志溢⑤。意衰威失，精神不专，其言外而多变⑥。

　　故观其志意，为度数⑦，乃以揣说图事，尽圆方，齐短长。无则不散势⑧，散势者，待间而动⑨，动而势分矣。

　　故善思间者，必内精五气，外视虚实，动而不失分散之实。动则随其志意，知其计谋。势者，利害之决，权变之威⑩。势败者，不以神肃察也⑪。

【注释】

①散势：用一种爆发性的冲击力去震物服人，叫散势。

②散势者，神之使也：散势是精神力的爆发，即势由神发。

③循间而动：意谓要顺着对方呈现出间隙、缺失等有利机会，再动势。循，顺。

④威肃内盛，推间而行：意谓蓄势已久，威力充盈，必然要寻找并创造机会迸发内力。推，推求。

⑤心虚志溢：意谓心虚利于容物，志溢利于决事。

⑥言外而多变：言外，指说话疏外，不合人情，不切事理。多变，指言无准的，多生活变。

⑦观其志意，为度数：观其志意力度数：观察分析对方的心志意念作出正确的估量。四揣说图事；揣摩进说，图谋成事。

⑧无则不散势：嘉庆本作"无间则不散势"。无间，对方无间隙可利用，有利时机未出现。

⑨散势者，待间而动：运用爆发力的人等待有利机会的出现，再动势。妇思间：对有利机会的准确把握与分析。

⑩势者，利害之决，权变之威：爆发力的运用，是获利或致害的关键所在，是控制事态变化的威慑力量所在。

⑪势败者，不以神肃察也：意谓散势失败的往往是因为不能运用旺盛的神气认真仔细地审察。

【译文】

散发威势，即利用权威和有利形势采取行动，要效法鸷鸟。散发威势，是由精神主宰的。要散发威势，一

定要抓住间隙（时机）采取行动。威力收敛集中，内部精神旺盛，善于利用对方的间隙采取行动，那么，威势便可以发散出去。散发威势时，要思想虚静，从而考虑周详；要意志充沛，从而能够决断。如果意志衰微，便会丧失威势，加上精神不专一，那么，说起话来便会不中肯，而且前后矛盾，变化不定。

所以，要观察对方的思想意志和办事标准，运用揣摩之术游说他，并采取不同的政治权谋谋划各种事情，有时圆转灵活，有时方正直率。如果缺少间隙或意志等主客观条件，就不能发散威势。因为散势必须等待间隙而采取行动，一行动便要发出威势。

所以，那些善于发现间隙（时机）的人，一动，便不会失去散发威势的实效，便会紧紧抓住对方的思想意志，及时了解对方的计谋。总之，形势是决定利害的，也是能够权变并发挥威力的条件。威势衰败，往往是因为不能够集中精神去审察事物结果。

【感悟】

善于审时度势，发现对方的致命弱点，然后集中自己的力量乘其不备给对方以关键一击，这毫无疑义会成功取胜，从而达到给对方造成震慑的效果。

六、转圆

转圆①法猛兽②。转圆者,无穷之计③也。无穷者,必有圣人之心,以原不测之智④;以不测之智而通心术⑤。而神道混沌为一⑥。以变论万类,说义无穷⑦。智略计谋,各有形容,或圆或方,或阴或阳,或吉或凶,事类不同。

故圣人怀之用⑧,转圆而求其合。故兴造化者,为始动作,无不包大道,以观神明之域⑨。

天地无极,人事无穷,各以成其类⑩。见其计谋,必知其吉凶成败之所终也。转圆者,或转而吉,或转而凶。

圣人以道,先知存亡,乃知转圆而从方。圆者,所以合语;方者,所以错事⑪;转化者,所以观计谋;接物者,所以观进退之意。皆见其会,乃为要结⑫,以接⑬其说也。

【注释】

①转圆:待人处事要运用智慧,随物转化,旋转无穷,周国处之,遇阻能通。

②猛兽：以兽威无尽喻圣智不穷，转圆不止。

③无穷之计：智谋无穷，说法无穷，遇到各种时态。事态、心态，不会因阻而折，因困而穷，能用全处之，圆润求通。

④原不测之智：意谓推究人们难以测知的深睿。原，推究本源。

⑤通心术：灵活运用心机、方法。

⑥神道混饨为一：主观之神，客观之道，融合为一，互相包容，互相影响，互相转化。

⑦以变论万类，说义无穷：意思是说，既有圣人的心、智、术，就可以针对万类事物的复杂变化，作出不同的分析论述，说出无穷无尽的道理。道藏本"万"下有"义"，为衡文。

⑧圣人怀之用：圣人牢记这个道理。指针对不同的事物，施以不同的智谋，求得不同的结果。

⑨神明之域：无形的领域，最高境界。

⑩各以成其类：意即有自己的演变方式。类，法式。

⑪错事：指处事合宜。错，同措，处置。

⑫皆见其会，乃为要结：意谓对圆者，方者，转化

者，接物者，及合语，错事，观计谋，观进退，四个方面要综合分析运用。

⑬接：接应。

【译文】

要像圆珠那样运转自如，必须效法猛兽。所谓要像圆珠那样运转自如，便是指计谋没有穷尽。要能使计谋无穷运转，必须要有圣人的胸怀，从而探究不可估量的智慧，以这种不可估量的智慧来通晓心术。

自然之道是神妙莫测的，处于一种混沌的统一状态。用变化的观点来讨论万事万物，所阐明的道理是无穷无尽的。智慧谋略，各有各的形态。有的灵活圆转，有的方正直率，有的公开，有的隐秘，有的顺利，有的凶险，这是为了应付不同的事类。

所以，圣人根据这种情况以运用智谋，像圆珠运转，以求计谋与事物状况相吻合。他发扬自然造化之道，谋略开始后的一切举动无不包容自然造化之道，从而能观察研究神妙莫测的领域。

天地是没有终极的，人事是变化无穷的，各自按照自然之道而形成类别。观察一个人的计谋，便可预测他的吉凶、成败的结局。计谋像圆珠一样运转变化，有的

转化为吉,有的转化为祸。

圣人凭借自然之道,能够预先了解事物的成败,因此能够灵活运转而确立某种方正的策略,抓住事物成败的关键。圆转灵活,是为了使彼此意见融洽;方正直率,是为了正确地处理事务。运转变化,是为了观察计谋的得失;接触外物,即与人交往,是为了观察别人进退的意图。只有了解事物的关键,把握对方的主要想法,才能跟对方紧密联合,使彼此的主张一致。

【感悟】

天下之事,变化无穷,各有各的特性,因此,不能机械地去对待,而应以转圆之法顺应事物内在运行规律去行为。通过各种方法,用圆活权变的手段去解决。

天下无方圆无以成事。方是基本的方针政策,是行事的基础,圆是灵活变通,是行事的必要补充。二者相辅相成,缺一不可。没有方则做事为所欲为,没有一定的准则。没有圆则做事呆板僵化,不知灵活权变。只有当把方和圆这两种处事方法有机地结合起来使用时,做事才会成功。

七、损悦

损悦①法灵蓍②。损悦者,机危之决也。事有适然③,物有成败,机危之动,不可不察。

故圣人以无为待有德④,言察辞,合于事⑤。兑者,知之也;损者,行之也。损之说之,物有不可者⑥,圣人不为之辞也⑦。故智者不以言失人之言,故辞不烦而心不虚,志不乱而意不邪⑧。

当其难易,而后为之谋;因自然之道,以为实。圆者不行,方者不止,是谓大功⑨。

益之损之,皆为之辞。用分威、散势之权,以见其兑⑩,威其机危。乃为之决。故善损兑者,誓若决水于千仞之堤,转圆石于万仞之磎。

【注释】

①损悦:减少他虑,专心察理。

②灵蓍:古代占卜用的蓍草茎。

③适然:偶然性。

④以无为待有德:意思是说要虚己容人。德,得也。

⑤言察辞，合于事：审查言辞，明试事功。

⑥物有不可者：事物不妥当、不对头的。即客观事物的本然与主观不相符的。

⑦圣人不为之辞也：圣人不作主观论断，为之论说。

⑧志不乱而意不邪：心志专一不惑乱；意念守正不邪僻。

⑨圆者不行，方者不正，是谓大功：意谓功在使客观事物按照主观愿望方向变化。

⑩用分威散势之权，以见其兑：用分威散势的办法来显现心察。见，通"现"。

【译文】

减损杂念以使心神专一，要效法灵验的蓍草。减损杂念、心神专一是判断事物隐微征兆的方法。事件有偶然巧合，万物都有成有败。隐微的变化，不可不仔细观察。

所以，圣人用顺应自然的无为之道来对待所获得的情况，观察言辞要与事功相结合。心神专一，是为了了解事物；减少杂念，是为了坚决行动。行动了，解说了，外界还是不赞同，圣人不强加辞令进行辩解。所以，聪明人不因为自己的主张而排斥掉别人的主张。因而能够做到语言扼要而不繁琐，心里虚静而不乱想，志向坚定而不被扰乱，意念正当而不偏邪。

适应事物的难易状况，然后制定谋略，顺应自然之道来作实际努力。如果能够使对方圆转灵活的策略不能实现，使对方方正直率的计谋不能确立，那就叫做"大功"。

谋略的增减变化，都要仔细讨论得失。要善于利用"分威"、"散势"的权谋。发现对方的用心，了解隐微的征兆，然后再进行决断。总之，善于减损杂念而心神专一的人，他处理事物，就像挖开千丈大堤放水下流，或者像在万丈深谷中转动圆滑的石头一样。

【感悟】

客观世界是复杂的，往往含有极其微妙的变化，在制定谋略时就应该考虑到这些因素。只有客观地分析事物，才能做到心不烦，志不乱，意不邪，这样制定出来的谋略才不会失之偏颇。

持枢①

持枢，谓春生、夏长、秋收、冬藏，天之正也。不可干而逆之；逆之者，虽成必败。

故人君亦有天枢，生养成藏。亦复不可干而逆之；逆之，虽盛必衰。此天道，人君之大纲也。

【注释】

①持枢：持，掌管、执掌；枢，本指户枢。洞察事物生成发展的根本原则，以便采取能适应的行动。

【译文】

所谓持枢，是指春季的耕种、夏季的生长、秋季的收割、冬季的储藏，乃是天时的正常运行。决不可企图改变和违背这些规律，违背者即使暂时成功最后也要失败。

所以为人君者，也应有天枢，负责生聚、教养、收成、储藏等重任。在社会生活中，尤其不可改变和抗拒这些规律。如果违背基本规律，虽然暂时兴盛起来，最后还要衰落。这是天道，也是人君治国的基本纲领。

【感悟】

事物的发展规律是主宰宇宙中一切事物变化发展的基本规律，所有的事物都是无法违背它而独自运行的。顺应事物的发展规律行事则成，违背事物的发展规律行事则败。因此，我们做任何事都必须自觉地依照这个规律去进行。

中经^①

中经,谓振穷趋急,施之能言厚德之人;救拘执,穷者不忘恩也。能言者,俦(音chou)善博惠^②;施德者,依道^③;而救拘执者,养使小人。

盖士,当世异时,或当因免阗(音tian)坑,或当伐害能言,或当破德为雄,或当抑拘成罪,或当戚戚自善,或当败败自立。

故道贵制人,不贵制于人也;制人者握权,制于人者失命。是以见形为容,象体为貌,闻声和音,解仇斗郤^④,缀去却语,摄心守义。《本经》纪事者纪道数,其变要在《持枢》、《中经》。

见形为容,象体为貌者,谓交为之生也,可以影响、形容、象貌而得之也。有守之人,目不视非,耳不听邪,言必《诗》、《书》,行不僻淫^⑤,以道为形,以德为容，貌庄色温，不可象貌而得也；如是隐情塞郄而去之。

闻声和音，谓声气不同，则恩受不接。故商、角不二合，徵、羽不相配⑥。能为四声主者，其唯宫⑦乎！故音不和则不悲、不是，以声散伤丑害者，言必逆于耳。虽有美行盛誉，不可比目⑧、合翼⑨相须也，此乃气不合、音不调者也。

解仇（斗郄），谓解嬴⑩微之仇；斗郄者，斗强也。强郄既斗，称胜者，高其功，盛其势。弱者哀其负，伤其卑，污其名，耻其宗。故胜者斗其功势，苟进而不知退。弱者闻哀其负，见其伤，则强大力倍，死而是也。郄无极大，御无强大，则皆可胁而并。

缀去者，谓缀己之系言，使有余思也。故接贞信⑪者，称其行，厉其志，言可为可复，会之期喜。以他人之庶，引验以结往，明疑疑而去之。

却语者，察伺短也。故言多必有数短之处，识其短验之。动以忌讳，示以时禁⑫。然后结以安其心，收语盖藏而却之。无见己之所不能于多方之人。

摄心者，谓逢好学伎术⑬者，则为之称远；方验之，惊似奇怪，人系其心于己。效⑭之于人，验去乱其前，吾归诚于己。遭淫色酒者,为之术,音乐动之⑮,以为必死,生日少之忧。喜以自所不见之事,终可以观漫澜⑯之命,使他的有后会。

守义者,谓守以人义,探心在内以合也。探心,深得其主也;从外制内,事有系由而随之也。故小人比人,则左道[17]而用之,至能败家夺国。非贤智,不能守家以义,不能守国以道。圣人所贵道微妙者,诚以其可以转危为安、救亡使存也。

【注释】

①中经:中,内心;经,经营、治理。中经,指以内心去经营外物。

②能言者,俦善博惠:巧于雄辩的人最能解决纠纷,所以就成为善人的好友而广施恩惠。俦,同类、伴侣。

③依道:道,道德、道义。依道,遵循道法。

④郄:缝隙。

⑤僻淫:邪恶淫乱。

⑥商、角不二合,徵、羽不相配:商角徵羽都是五音的名称,商属金,角属木,徵属火羽属水。由于金木水火土五行相克而不相合,所以才有乐声不调和的

外篇

现象。

⑦宫：五音之一，被视为土，能和其他四音。

⑧比目：即比目鱼，只有一只眼睛的鱼，总是两条并游。

⑨合翼：即比翼鸟。只有一眼一翅的鸟，总是两只并羽齐飞。

⑩羸：瘦弱。

⑪贞信：诚信。

⑫时禁：除规定时间以外禁止出入的禁令。

⑬伎术：同技术。

⑭效：供献、效劳。

⑮音乐动之：以音乐的快乐节奏来感动人。

⑯漫澜：无限遥远的样子。

⑰左道：邪道。

【译文】

所谓中经，就是帮助穷困，救济危难，而且这种德行要施之于能言善辩、品德淳厚的人。如果解救了牢狱中的人，那么这个穷途末路的人一定不会忘记对方的恩惠。

巧于雄辩的人，多心地善良，又能广施恩惠。那些

对人施行德义的人，都依道行事。而能救人于牢狱的人，能收养平民并加以利用。

士大夫常常生不逢时，或者侥幸免于深陷兵乱，或者因能言善辩而遭谗害，或者被迫放弃德行铤而走险；或者遭到拘捕成为囚犯；或者想戚戚独善其身；或者反败为胜而独立于世。

所以处世之道贵在能够制服人，而不能受制于人。能制服别人的人可以掌握权力，受制于人的人就会丢掉性命。所以，看见外形要能判断面容，估量身材要能推知相貌，听到声音要能随声唱合，要善于解除仇恨和与敌斗争，要善于挽留想要离去的人和对付前来游说的人，要善于摄取真情和恪守正义。本经记事是记录道数，其变化都在于《持枢》和《中经》二篇之中。

所谓"见形为容，象体为貌"，就像爻卦占卜一样，可以从影子和回音方面，可以从形体和姿容方面，可以从形象和面貌方面来掌握对方。而那些有操守的人，眼睛不看非礼之物，耳朵不听邪恶之言，言必称《诗》、《书》，行为端正，道貌岸然，以德为容，庄严而又温顺。这样的人就难地从外形把握他们。遇到这

外篇

种对手，就应深隐真情，堵塞漏洞，然后离去。所谓"闻声和音"，是指声气不同，感情上难于接受，所以在五音中，商音与角音合不到一起，徵音与羽音不协调，能调和四声的只有宫音。所以五音不协调就不悲壮，那些散、伤、丑、害等不和之音，更不成声调，用这些音来游说必然难于入耳。虽然有高雅的行为和美好的名声，也不可能与别人像比目鱼和比翼鸟那样亲密无间和谐相处。这都是因为声气不相同，音调不和谐的缘故。

所谓"解仇斗郤"，是说要调解两个弱者之间的敌对关系，所谓"斗郤"就是使两个强者相斗。两个强者既然斗起来，就必然有一胜一负。胜利的一方会夸耀战功，玄耀气势；败北的一方，就要衰叹失败，自卑伤感，觉得丢了面子，对不起祖宗。所以胜利的一方只知道夸耀成功和气势，只要能前进就决不后退；弱的一方知道自己为什么失败，不忘战争创伤，努力使自己强大，加强力量，为此而拼命。哪怕没有多少可乘之机，只要敌方防御不够强大，就可以威胁它，以至吞并它。

所谓"缀去"，就是指说出自己挽留的话，让对方

再慎重考虑。在与对方接触时，要称赞他的品行，鼓励他的志气。讲出哪些事可以重新做，哪些事可以继续做，与他一同期待成功的喜悦。利用别人的教训来验证自己以往的行动，以便排疑解惑。

所谓"郄语"，就是要侦察对手的弱点。因为对手的话说多了，必然会有失言的地方，抓住对手的某些失实的言辞，并把它与事实相验证。用对手最忌讳的问题去动摇它，让对手产生一种拘束感。然后再争取和安抚对手的慌恐之心。最后再把以前的话拉回来，委婉地反驳对方，又不要把他的无能暴露给更多的人。

所谓"摄心"，就是说遇到好学技术的人，就要为他们扩大宣传，并设法从多方面来证实他们的技术。使之受宠若惊，感到无可非议。那么这个人的心就被我们所笼络。让他的智慧为民众效力，利用以前的经验来治理混乱局面，使老百姓也能心悦诚服地归顺我们。一旦遇到沉湎酒色的人，就要采取一定的方法，用音乐来打动他们，再用酒色会影响寿命的道理来提醒他们，使他们萌生生命会日益缩短的忧患意识，再用那些他们所不曾见过的美好景象来刺激他们的情绪，使他们看到人生的道路是丰富多彩的，对未来充满信心。

所谓"守义",是说要遵守人的义理。就是要探寻人们内心的想法,以求得判断与事实相符合。如能探到真心,就可以掌握人的真正想法。从外到内来控制他们的内心。事情总是有联系的,都会由一定原因引起,按一定逻辑发展。小人与君子相比,他们会采用左道旁门,会导致败家亡国。不是圣人和智者就不能用义理来治理国家、不能用道德来保卫国家。圣人所以珍视道的微妙,那是因为道可以转危为安、救亡图存。

【感悟】

救人于穷困之时,犹如雪中送炭,使人永生难忘。也就是说帮助人在别人最困难的时候,被帮助的人才最感恩戴德。尤其是那些身陷囹圄之人,性命朝夕不保,一旦你把他们解救出来,就会为你所用。

人处于危乱之世,必然会遭受种种苦难,而在此时,只要善于自守,恪守道德规范,坚持目标不变,掌握主动权不为人所制,那么就能渡过危难自强自立。

事物的内在本质往往可以通过影响或改变其外表形式而发现出来,但是也有特殊情况,当遇到这种特殊情况时就要加以变通,以其他的途径去了解事物的本质。

情感是人类行为中为复杂的一面,意气不投,言语

不和，什么事情都难以办成，碰到这种情况，就应该先想方设法消除对方的抵触情绪，加以引导，然后事情可成。

在战争中，如果要树立自己的威望，对弱小的割据势力要去消除他们的嫌隙，而对强大的势力，则去制造他们之间的矛盾，让他们相互火并，自己从中坐收渔利。这样既控制了弱者，又钳制了强者。

笼络即将离你而去的人绝对是一件非常有意义的事情，因为这个人虽然离你而去，以后他仍会想到你对他的恩义，他极有可能再回到你的阵营中，即使不回到你的阵营中也可能从其他渠道给你以帮助。

要收罗一个人，只要抓住他的缺点和过犯，然后对他威胁利诱，使其畏惧，这样他就会忠心不二地为你办事。同时要注意自己的言行，以免给人留下把柄而为他人所要胁。

要想使一个人诚心归附，对其才貌要大加称赞，突出他的荣耀，同时又要不失时机地指出他的不足，让他知道你的高明之处。如果遇到那些犯有过错的人，你努力帮助他纠正之后，他更会对你感恩戴德，尽心尽力为你效劳。

道义是关乎国家生死存亡的大事,小人如果以他们的道义来治理国家,那么国家就必然败亡。因此,要注意防止小人当政,要让有仁德的圣人来治理国家,这样社会才能稳定,国家才会富裕强大。